# Enjeux et outils du marketing RH

## Promouvoir et vendre les ressources humaines

Éditions d'Organisation
Groupe Eyrolles
61, bd Saint-Germain
75240 Paris cedex 05

www.editions-organisation.com
www.editions-eyrolles.com

Serge Panczuk
Sébastien Point

# Enjeux et outils du marketing RH

## Promouvoir et vendre les ressources humaines

EYROLLES

Éditions d'Organisation

# Sommaire

# Liste des tableaux

# Liste des figures

# Préface de Jacques Igalens

Les perspectives ouvertes par la transposition des acquis d'une discipline scientifique dans le domaine de la gestion sont toujours fructueuses. Les exemples abondent, le plus récent étant l'application des théories et des techniques issues de la cognition sociale et de la psychologie cognitive en management stratégique. Assez curieusement, il est plus rare que la transposition soit tentée au sein même des disciplines de gestion. Certes, on peut évoquer l'extension du vocabulaire et des techniques liées au monde de la qualité (que je rattache sans état d'âme aux sciences de gestion), à des domaines tels que la gestion de l'environnement ou même la gestion de la santé. Moi-même, avec Jean-Marie Peretti, je n'avais pas hésité, il y a vingt ans, à utiliser mes connaissances des techniques d'analyse financière pour les mettre au service de l'analyse du bilan social, donc de la gestion du personnel. Mais, on le voit à travers ces deux exemples, ce type de transposition est limité. Dans le cas de la qualité, il s'agit essentiellement de l'application de la méthodologie de normalisation et de certification ; dans mon cas, il s'agissait uniquement de l'application de la méthode des ratios aux indicateurs du bilan social, et non pas d'une transposition du paradigme financier à la GRH.

L'ambition de Serge Panczuk et de Sébastien Point est d'une autre ampleur, ils proposent une véritable re-fondation de la GRH à partir des bases conceptuelles et des acquis du marketing. Et si le salarié était un client et que le service qui lui est proposé par l'entreprise avait pour nom « politique sociale » ? On comprend aisément que cette question (ou plutôt la réponse à la question) est de nature à saper les fondements d'une vision traditionnelle de la relation employeur/employé.

Aujourd'hui les politiques sociales sont le plus souvent conçues au niveau *corporate*. Au nom de la nécessité de créer une culture, une identité d'entreprise, ces politiques ont tendance à offrir les mêmes avantages dans des situations identiques ou comparables. Même si l'évaluation a tendance à se développer, elle n'est pas encore systématique, et parfois très globale, ne permettant pas véritablement d'obtenir des informations suffisamment précises pour prendre en compte le point de vue du salarié afin d'améliorer telle ou telle politique de GRH. Bref, la fonction sociale de l'entreprise se trouve dans la situation de la fonction commerciale il y a un demi-siècle. Les directions conçoivent, distribuent les « politiques sociales » en pensant à la place du client-employé. Ces politiques sont faiblement différenciées et, lorsqu'elles le sont, c'est à peu près toujours à partir des mêmes critères de segmentation (le statut, la nationalité). *Le marketing RH* rend possible une autre conception de la GRH, une gestion qui parte des besoins du client-employé, qui reconnaisse la diversité des préférences, qui adapte les services de GRH à ses préférences, qui assure une véritable « vente » de ses services, et non plus une simple mise à disposition, etc.

Il s'agit donc d'un ouvrage important ; cet ouvrage est à la fois solide sur le plan théorique, car les auteurs inscrivent leurs propos dans la continuité de travaux français et américains contemporains. Mais il s'agit également d'un ouvrage qui fournit au DRH ou au RRH des outils concrets de marketing RH. Il ouvre également des pistes de réflexion pour l'avenir, notamment concernant le « prix » des politiques de GRH. S'agit-il de leurs coûts, s'agit-il de ce que le client-employé est prêt à payer ? La question reste ouverte, et la lecture stimulante de cet ouvrage en fournit beaucoup d'autres.

Jacques Igalens
Professeur des Universités
Président d'honneur de l'AGRH et de l'IAS

# Introduction

Pourquoi parler de marketing RH ? En quoi cette approche peut-elle changer la façon dont les professionnels RH appréhendent leur métier au quotidien ? Telles sont les questions de fond traitées dans cet ouvrage. Ce livre montre en quoi le marketing RH est une démarche globale et complète… et pas seulement un « gadget » éditorial ou un effet de mode.

Le marché de l'emploi subit depuis de nombreuses années des évolutions substantielles. Citons par exemple le renversement de la loi de l'offre et de la demande pour les talents les plus critiques, ou encore la transformation de la notion même de carrière, moins linéaire et plus forcément prise en charge par l'entreprise.

Face à de nouveaux besoins de talents et de compétences, **les entreprises commencent à adopter – de manière plus ou moins consciente – un marketing RH, mais bien souvent par la partie la plus simple : la communication** vers des cibles facilement identifiables, et aisément réceptrices, c'est-à-dire les candidats.

Pour continuer à se développer, les entreprises se lancent depuis déjà quelques années dans le développement de politiques de marketing RH visant à attirer les meilleurs talents potentiels (étudiants) ou réels (ceux de la concurrence). En parallèle, elles s'attachent à retenir leurs propres effectifs, en appliquant les techniques marketing traditionnelles vouées à la captation du capital humain (études de marché, cartes de positionnement stratégique, plans de communication et de marketing).

Pouvons-nous pour autant résumer le marketing RH à cette seule approche, fortement liée à l'acquisition de talents ? Ces démarches destinées à la rétention des talents font effectivement partie de la panoplie des outils marketing. Mais ce sont des pièces d'un puzzle qui se veut beaucoup plus complexe.

En effet, il ne s'agit plus seulement pour la fonction RH d'attirer, de retenir et de développer les meilleurs talents : **la fonction RH doit également (se) vendre.** Elle doit adopter les outils du *process* pour renforcer sa crédibilité. Elle doit repenser ses modes d'action, en favorisant une démarche plus holistique, orientée clients, où l'adaptabilité organisationnelle doit remplacer la rigidité du *process*.

La fonction RH est confrontée à des notions aussi diverses que le produit RH ou le service RH, les attentes de ses clients actuels ou futurs (les candidats, les salariés, voire l'ensemble des parties prenantes), l'analyse du(des) marché(s) interne(s) et/ou externe(s). Elle cherche à mieux comprendre son environnement pour l'anticiper.

## Quand les ressources humaines s'inspirent du marketing

Si l'entreprise doit repenser sa façon de convaincre (et de séduire par sa marque employeur), la fonction RH doit revoir son positionnement, et, au-delà, sa stratégie d'approche de ses prospects et « clients » internes. Produit, service, comportement des clients, analyse du marché, positionnement, marque employeur, etc., toutes ces notions ont un point commun : elles relèvent du marketing.

Selon Philip Kotler, le marketing « *est l'ensemble des techniques et études d'applications qui ont pour but de prévoir, constater, susciter, renouveler ou stimuler les besoins des consommateurs et adapter de manière continue l'appareil productif et commercial aux besoins ainsi déterminés »*. Nous sommes *a priori* bien loin des ressources humaines. Et pourtant…

Cet ouvrage confronte deux champs qui ne se côtoient pas si souvent, mais dont les similitudes nous amènent à évoquer le terme de « marketing RH », levier de ce changement d'attitude entre l'entreprise et son environnement.

Le terme « marketing RH » n'est pas nouveau. Dans son ouvrage consacré au *Marketing des Ressources Humaines*, Philippe Liger en propose une définition assez générale : il s'agit d'une volonté *« d'appliquer les logiques et les techniques du marketing et de la communication pour attirer les candidats et fidéliser les salariés »*. Le fondement même du marketing RH est d'utiliser les techniques du marketing pour le triple objectif bien connu des ressources humaines, c'est-à-dire attirer, retenir et fidéliser les meilleurs talents. **Mais ce n'est que la face visible d'un immense iceberg, jamais totalement exploré à ce jour.**

## Un marketing RH trop souvent réduit au seul pan de la communication

Vecteur d'un nouvel état d'esprit pour l'entreprise et sa DRH (Direction des Ressources Humaines), le marketing RH est bien trop souvent réduit à la seule portion congrue de la communication. Or, le marketing RH n'est pas qu'une affaire de séduction. S'il apparaît surtout centré sur la communication, ce n'est qu'un aspect du sujet : le marketing RH ne doit pas se restreindre uniquement au recrutement et à la fidélisation, ou encore être décliné comme un simple exercice de communication. De même, il ne peut prétendre à considérer seulement les salariés – actuels ou potentiels – comme audience unique.

Il faut dépasser la vision d'un marketing RH trop centré sur l'aspect « marque » et sur la communication, oubliant ainsi des notions telles que le positionnement, les produits, les marchés, le prix ou les actes d'achat.

Si la recherche d'attractivité est indispensable pour l'entreprise, le marketing RH est une invitation à (re)découvrir des compétences jadis réservées à la mercatique pour encourager le département RH à mieux vendre, se vendre, et non seulement à ses clients internes (les salariés) mais également à tous ses clients. Le marketing RH propose une palette d'outils et de réflexions visant à aider la DRH à construire un plan pour optimiser son recrutement, fidéliser ses salariés, et enrichir la relation de l'entreprise avec son environnement et ses partenaires.

En quoi le marketing RH est-il différent du marketing « classique » ? En rien ! C'est un cycle d'analyse du marché interne et externe, d'analyse des attentes, de développement des produits et des services, et de « commercialisation » de ces services auprès d'un public ciblé, issu d'une segmentation précise.

Vente, commercial, produit, prix, distribution : autant de mots qui semblent très éloignés de la réalité de la fonction RH. Et pourtant… *a priori* loin des réalités RH, cet ouvrage permet de rendre compte que toutes ces dimensions sont parfaitement adaptées au champ des ressources humaines.

> **Le marketing RH se définit comme un nouvel état d'esprit fondé sur des techniques marketing adaptées aux ressources humaines pour que l'entreprise et sa DRH puissent se vendre, vendre, fidéliser et se renouveler.**

Nous proposons ici d'explorer les ressources humaines sous l'angle du marketing, à l'origine de la dénomination de marketing RH, portail de réflexions pour une association croissante des concepts de marketing et de la politique de ressources humaines. Cet ouvrage revient très peu sur les enjeux actuels des ressources humaines ou sur les pressions sociodémographiques qui pèsent sur les entreprises (papy-boom, diversité, conception du travail, etc.) pour se concentrer sur la mise en place d'un plan d'action marketing RH.

# Vers l'élaboration d'un plan marketing RH

*Un véritable plan marketing RH vise à soutenir
le développement, le lancement et la gestion
des services proposés par la fonction RH.*

La mise en œuvre d'un plan d'action marketing RH passe par une série d'étapes bien définies à travers les six chapitres qui composent cet ouvrage :

* Le chapitre 1 a pour objectif de bien comprendre les tenants et les aboutissants du marketing RH.

* Le chapitre 2 revient sur une démarche essentielle et préalable permettant à l'entreprise d'identifier son marché RH pour espérer vendre le produit ou le service RH voulu : la segmentation RH. Il s'agit de repérer les acheteurs potentiels *via* une démarche de segmentation bien orchestrée et d'un ciblage parfaitement mené.

* Une fois le marché et les cibles identifiés, il est essentiel d'élaborer sa stratégie de vente du « Produit » ou du service RH en utilisant un véritable marketing mix, c'est-à-dire en travaillant sur les quatre variables que sont le produit, le prix, la distribution et la promotion. Le chapitre 3 se focalise sur la première variable du mix : le produit (ou service) RH.

* Le chapitre 4 s'intéresse à la variable « Prix » en RH. Oscar Wilde disait que les gens connaissent le prix de toute chose et la valeur d'aucune. Dans l'entreprise, plus rien n'a de valeur sans un prix. Cette évidence doit cependant être retravaillée à la vue des spécificités de la fonction RH.

* Le chapitre 5 développe la variable distribution RH (ou « Place »), *a priori* encore un thème qui peut paraître éloigné des préoccupations RH. Pourtant, au cours des dernières années, c'est l'un des aspects de la fonction RH qui a le plus évolué. Ce chapitre permet de faire le point sur les canaux de distribution les plus appropriés, mais aussi les investissements à réaliser et l'accompagnement à mettre en œuvre.

- Le chapitre 6 traite du dernier « P » – pour « Promotion » RH –, le plus facile et le plus évident à mettre en œuvre. Trop de personnes assimilent le marketing à la communication ou à la publicité. Or, ce quatrième « P », partie visible de l'iceberg du marketing RH, n'a d'efficacité que s'il est précédé par une véritable réflexion sur les trois autres « P » précédemment évoqués (le « Produit », le « Prix » et la « Place »).

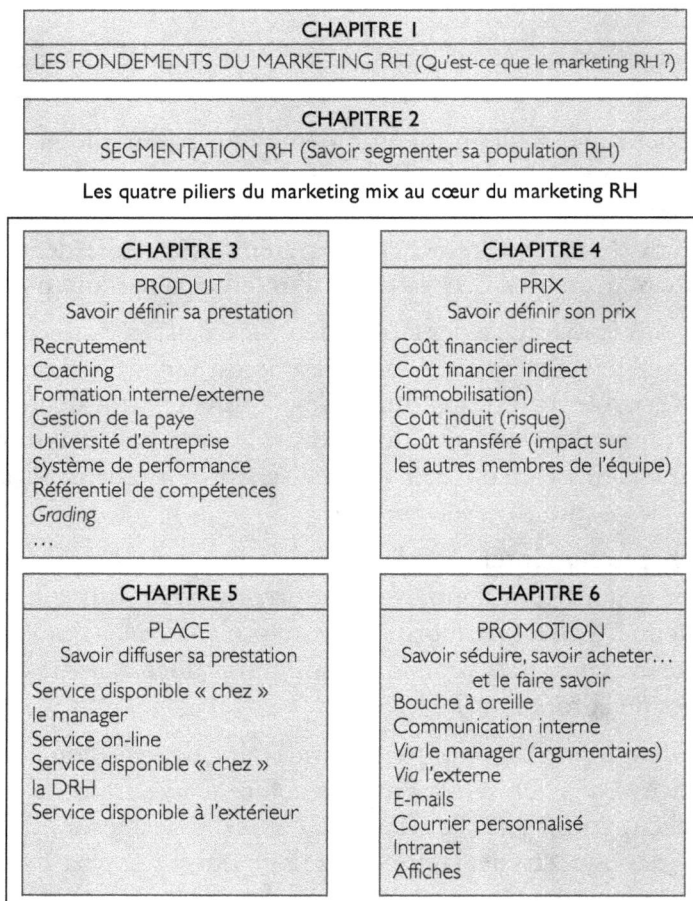

| CHAPITRE 1 |
| --- |
| LES FONDEMENTS DU MARKETING RH (Qu'est-ce que le marketing RH ?) |

| CHAPITRE 2 |
| --- |
| SEGMENTATION RH (Savoir segmenter sa population RH) |

**Les quatre piliers du marketing mix au cœur du marketing RH**

| CHAPITRE 3 | CHAPITRE 4 |
| --- | --- |
| PRODUIT<br>Savoir définir sa prestation | PRIX<br>Savoir définir son prix |
| Recrutement<br>Coaching<br>Formation interne/externe<br>Gestion de la paye<br>Université d'entreprise<br>Système de performance<br>Référentiel de compétences<br>*Grading*<br>… | Coût financier direct<br>Coût financier indirect<br>(immobilisation)<br>Coût induit (risque)<br>Coût transféré (impact sur<br>les autres membres de l'équipe) |

| CHAPITRE 5 | CHAPITRE 6 |
| --- | --- |
| PLACE<br>Savoir diffuser sa prestation | PROMOTION<br>Savoir séduire, savoir acheter…<br>et le faire savoir |
| Service disponible « chez »<br>le manager<br>Service on-line<br>Service disponible « chez »<br>la DRH<br>Service disponible à l'extérieur | Bouche à oreille<br>Communication interne<br>*Via* le manager (argumentaires)<br>*Via* l'externe<br>E-mails<br>Courrier personnalisé<br>Intranet<br>Affiches |

Figure 1 : articulation de cet ouvrage

# 1

# Les fondements
# du marketing RH

L'arrivée dans l'entreprise de la génération « chômage » crée de nouveaux réflexes et de nouvelles attentes. L'entreprise ne peut plus ni promettre, ni exiger la stabilité et la loyauté de ses salariés[1]. De leur côté, les salariés ont abandonné une certaine naïveté qui les amenait à percevoir les messages institutionnels de manière *a priori* positive. En effet, pendant de nombreuses années, les messages mettaient en avant des plans de carrière sur dix ans, des augmentations de salaire linéaires, une stabilité et une fidélité à l'entreprise, etc. Les nouvelles générations de salariés issues des crises des années 1980 et 1990 ont appris – parfois à leurs dépens – la mobilité, la gestion du parcours professionnel, l'instabilité et l'autoprotection.

Les exigences sont également nouvelles et les systèmes de contraintes plus visibles. Aujourd'hui, l'environnement économique, la mondialisation et les évolutions technologiques ou sociodémographiques

---

1. Pour illustrer cette baisse de loyauté, Mike Johnson cite dans son ouvrage sur la guerre des talents (*Winning the People Wars*) une étude menée par Gemini Consulting auprès de 10 000 salariés dans 13 pays industrialisés. À la question « Quitteriez-vous votre entreprise pour une opportunité d'avancement, une augmentation de salaire de 10 % ou des horaires de travail plus flexibles ? », 64 % des personnes interrogées répondent par l'affirmative.

mettent non seulement les entreprises, mais également l'ensemble des salariés sous pression. La mutation du marché du travail (et la recherche de rétention des talents) a commencé depuis quelques années.

Aussi, la fonction ressources humaines (RH), elle-même, est soumise à de nouvelles exigences sous cette double pression des salariés et de l'organisation. Elle est ainsi au centre de tous les paradoxes que vivent les salariés : sécurité et performance, stabilité et changement, conflits et besoin de stabilité sociale, équilibre vie privée/vie professionnelle, recherche et éclatement des références, souci de clarté et de complexité des organisations matricielles, recherche du sens et culture du court terme, épanouissement professionnel et système de contraintes, ou encore besoin de contact et développement du monde virtuel. Ces attentes, contradictoires ou irrationnelles, ce flou organisationnel et cette culture persistante du *process* rendent la fonction RH de moins en moins lisible, parce que prise entre deux feux et amenée à gérer constamment de nouvelles expectatives.

## Nouvel environnement, nouvelles attentes

Il s'agit de savoir reconnaître les différences pour encore mieux servir les attentes de chacun. L'ascension flagrante de la problématique de la diversité (genre, âge, ethnie, handicap, expériences, culture, etc.) dans les préoccupations managériales n'est sans doute pas étrangère à cette prise de conscience.

### Les ressources humaines face à des dilemmes ou des tensions sociales

Une entreprise peut à la fois mettre en avant ses salariés, communiquer sur des valeurs centrées sur l'individu et son développement, et licencier, délocaliser ou se restructurer. Il est donc surprenant, mais pas contradictoire, d'associer entre eux des termes *a priori* antinomiques, qui ne sont pas – plus – incompatibles, et qui doivent être gérés parallèlement.

8

Dans les années 1990, huit types de tensions sociales avaient déjà été proposés à la réflexion pour appréhender en partie les incertitudes et les contradictions dominantes en ressources humaines, sources de problèmes permanents dans l'entreprise. Si ces champs de tensions n'ont pas disparu du paysage quotidien, d'autres se sont rajoutés aujourd'hui (*cf.* tableau 1). La liste de ces tensions sociales (ou dilemmes) n'est pas exhaustive – elle ne concerne d'ailleurs pas uniquement la fonction RH –, mais elle révèle les nouveaux défis inhérents aux ressources humaines :

Tableau 1 : les dilemmes et tensions contradictoires
de ces dernières décennies

| FIN DES ANNÉES 1980 (LEGGE, 1989) | FIN DES ANNÉES 1990 (BRABET, 1993) | AUJOURD'HUI |
|---|---|---|
| – Individualisme *vs* coopération<br>– Compétence *vs* flexibilité<br>– Culture forte *vs* adaptabilité | – Universalité *vs* contingence<br>– Individualisation *vs* globalisation<br>– Organisation décentralisée *vs* développement du contrôle<br>– Flexibilité *vs* planification<br>– Implication *vs* exclusion<br>– Niveau éducatif *vs* type d'emplois offerts<br>– Détention diplômes *vs* attentes en termes savoir-faire<br>– GRH de croissance *vs* GRH de crise | – Mondial *vs* local<br>– Performance *vs* bien-être<br>– Discours *vs* réalité<br>– Collectivisme *vs* individualisme<br>– Assimilation *vs* différentiation<br>– Innovation *vs* isomorphisme<br>– Consensus *vs* diversité<br>– Court terme *vs* long terme<br>– Capitalisme financier *vs* capitalisme industriel |

- **Quelle vision faut-il privilégier, mondiale ou locale ?** Il existe, d'une part, une approche qui met de plus en plus à l'ordre du jour le *one size fits all* au travers de marques mondiales – mais aussi de cultures d'entreprises globales comme Google, Ebay ou Apple. D'autre part, il existe des besoins d'accroche culturelle locale, permettant un ancrage émotionnel à un environnement connu – qui se voit quotidiennement dans l'entreprise *via* l'importance grandissante des attentes des salariés par rapport à leur management de proximité ou à leur cadre de travail.

- **Faut-il privilégier la performance ou le bien-être ?** Les exigences de performances financières sont de plus en plus invasives et ont des conséquences directes sur la qualité de travail, le stress et la pression mise sur les salariés. *A contrario*, les classements de ces entreprises « où il fait bon travailler » témoignent de l'importance accordée au bien-être.

- **Faut-il privilégier la performance à court ou à long terme ?** La notion de performance financière est fortement associée à une vision à court terme (échéance trimestrielle de présentation des résultats aux investisseurs et aux analystes financiers), avec pour corollaire l'absence grandissante de projets à moyen terme, là encore source de stress pour les salariés.

- **Faut-il systématiquement confronter le discours à la réalité ?** Dans une société d'information où le discours tient une part importante, la communication d'entreprise n'a jamais été aussi stratégique, malgré le fait que la réalité remet systématiquement en cause les grands messages stratégiques, à l'origine de discours motivants et bases de la culture d'entreprise.

- **Faut-il privilégier la dimension individuelle ou collective ?** La pression des résultats associée à l'instabilité organisationnelle renforce de plus en plus la compétition individuelle, au détriment de la solidarité collective.

- **Faut-il privilégier l'intégration ou la différenciation ?** Ou comment construire au mieux des organisations multiculturelles ou globales... ?

- **Faut-il innover ou plutôt chercher à ressembler ?** *Benchmarking*, isomorphisme, autant de termes qui tendent à l'uniformité... avec, en filigrane, le prix à payer pour être innovant, dans un monde où la technologie permet de plus en plus de dépasser les « anciennes frontières » (télécommunications avec Internet, santé et biotechnologies ou imagerie médicale, etc.).

- **Faut-il chercher le consensus ou la diversité ?** Et comment agir dans un monde de plus en plus labellisé (charte de la diversité, normes ISO…) et régulé (loi SOX[1], loi NRE[2]…), qui tend à vouloir tout contrôler ?

- **Faut-il privilégier le capitalisme financier ou le capitalisme industriel ?** Ou comment agir dans un monde où le capital financier est au cœur des rapports de production, mettant constamment en exergue les besoins de financement ou encore les activités d'investissement, alors que dans le même temps le capitalisme industriel, lui, est toujours omniprésent ?

Tels sont les nouveaux défis auxquels sont confrontées l'entreprise et sa fonction RH. La fonction RH est sous les projecteurs en tant qu'initiatrice et leader principal de ce changement d'attitude dans la relation entre l'entreprise et son marché.

## Vers une culture de « zapping professionnel »

Cet environnement et l'existence de toutes ces contraintes créent une nouvelle génération de salariés – ou de futurs salariés – plus réalistes, exigeants et, pour les meilleurs d'entre eux, plus conscients de leurs forces (avoir des compétences, en avoir conscience et avoir une intelligence de la situation). Preuve en est la culture émergente du « zapping professionnel »[3] – librement choisi ou complètement subi – qui met au centre des motivations professionnelles la satisfaction de besoins à très court terme.

Cette nouvelle génération de salariés aux aspirations nomades préfère changer d'entreprise lorsque ceux-ci sentent leur carrière bloquée. La structuration de ces carrières mobiles ne se fait plus par

---

1. La loi Sarbanes-Oxley (dite loi SOX) a été adoptée en 2002, suite au scandale Enron.
2. La loi sur les nouvelles régulations économiques (dite loi NRE) oblige les entreprises françaises côtées à rendre compte de la gestion sociale et environnementale de leur(s) activité(s).
3. Nous sommes ici au-delà de la carrière dite « nomade » que Michael Arthur et Denise Rousseau dépeignaient dans les années 1990, dans leur ouvrage *The Boundaryless Career*, où les trajectoires professionnelles étaient déjà synonymes de mobilité.

et pour une entreprise, mais au profit d'un projet personnel[1]. Par conséquent, si la courbe de vie des produits et des technologies est de plus en plus courte, ce constat s'applique aussi à la notion de carrière. Les modèles traditionnels de cycle de vie professionnelle distinguent trois à quatre phases clés[2] permettant ainsi de donner du sens à certains comportements. Cependant, le cycle de vie professionnelle est passé d'une approche linéaire et progressive à une courbe bien plus chahutée, faite de hauts, de bas, de ruptures et de progression.

Ce phénomène a considérablement modifié les rapports entre l'entreprise et ses collaborateurs, notamment en matière de fidélisation.

**Il oblige les entreprises à intensifier la qualité de leur politique sociale et, *in fine*, à améliorer leur attractivité.**

### Une courbe de vie dans un poste qui tend à se réduire...

Alors que la durée optimale dans un poste était de cinq ans et plus il y a encore quelques années, elle tourne aujourd'hui autour de trois à quatre ans, et l'expérience montre que certaines entreprises font changer de poste leurs cadres tous les dix-huit mois.

À titre d'exemple, dans une entreprise internationale de biotechnologie, la différence entre short term leavers et long term leavers (les personnes quittant l'entreprise après, respectivement, une courte ou une longue présence dans l'entreprise) est de dix-huit mois. En près de dix ans, la durée moyenne dans un poste est passée de cinq ans et un tiers à trois ans et demi, et la tendance est encore au raccourcissement.

---

1. Selon Anne-Françoise Bender, Loïc Cadin et Véronique de Saint Giniez, les carrières nomades regroupent des cheminements professionnels très dissemblables les uns des autres. Ces carrières remettent en cause un ou plusieurs fondements de la carrière organisationnelle (dite carrière plus classique) et elles témoignent d'une distanciation plus ou moins forte des individus avec les organisations. C'est également la prise de conscience par l'individu de ses atouts et de la valeur de ceux-ci.

2. Dans son interprétation des grandes phases de la « biographie professionnelle », Pascal Paillé distingue l'intégration, la socialisation, la crise professionnelle, l'enracinement et le retrait. De ces différentes étapes découlent des phases de transitions, correspondant respectivement aux « chocs de la réalité », à une attente de valorisation, à des interrogations profondes et à la période retraite/préretraite.

## L'évolution des attentes des salariés

Tableau 2 : les évolutions successives des attentes des salariés[1]

| | ATTENTES TRADITIONNELLES | ATTENTES DES ANNÉES QUATRE-VINGT-DIX | ATTENTES ACTUELLES |
|---|---|---|---|
| Modèle | Emploi à vie | Fin de l'emploi à vie | Nomadisme |
| Vision | Long terme | Court terme | Très court terme |
| Emploi | Sécurité de l'emploi | Attractivité sur le marché de l'emploi | Zapping professionnel |
| Dévelop-pement des compétences | Formation | Échange des compé-tences contre de la formation et l'acqui-sition d'expériences | Prise de contrôle par le salarié de son employa-bilité |
| Progression de carrière | Linéaire | Phases de transition | Chaotique |
| Rémunération | Garantie | Systèmes de rémuné-ration au variable garan-tissant l'atteinte de résultats à court terme | Packages de rémunération très créatifs, souvent indivi-dualisés, tenant compte de la performance à très court terme |
| Relation avec l'employeur | Loyauté | Méfiance progressive à l'égard de l'employeur | Méfiance totale à l'égard de l'employeur |
| Hors travail | Loisirs | Équilibre vie privée/vie professionnelle | Ambiance et cadre de travail |

Un emploi à vie et une carrière planifiée contre un attachement sans faille à l'employeur : c'est le contrat moral que les entreprises et les salariés ont respecté entre les années 1950 et 1980. Mais ce système de l'emploi à vie s'est fissuré dans les années 1970-1980, pour exploser au début des années 1990. La fin de l'emploi à vie a essen-

---

1. D'après Peter Cappelli (1999) *The New Deal at Work*, Havard Business School Press, Boston ; Mike Johnson (2000) *Winning the People Wars*, Prentice Hall, Londres ; Edward E. Lawler III (2003) *Treat People Right !*, Jossey-Bass, San Francisco.

tiellement eu pour conséquence principale l'évolution des attentes des salariés. Des attentes qui se sont encore transformées ces dernières années (*cf.* tableau 2).

Dans ce nouveau contexte, le contrat psychologique a évolué. Le contrat psychologique (au sens de Denise Rousseau) est la façon dont un salarié et son employeur perçoivent les obligations qu'ils ont l'un envers l'autre. Il s'agit d'un échange équilibré, qui vise à satisfaire les deux parties de ce contrat « moral ». Cette notion est donc régulièrement mobilisée pour exprimer, entre autres, ces nouvelles relations d'emploi entre l'employeur et son salarié et les attitudes de ce dernier.

La disparition du contrat de fidélité réciproque – et de loyauté sans faille – laisse un vide. En effet, le seul contrat de travail ne suffit plus à clarifier la nature de l'engagement réciproque entre le salarié et l'employeur. D'où cette apparition du « contrat d'employabilité » prôné par certaines entreprises.

## Quand le salarié prend le contrôle de son employabilité

Le salarié (ancien, actuel ou futur) est en passe de professionnaliser sa gestion de carrière et de prendre le contrôle de son niveau d'employabilité – c'est-à-dire cette capacité à être employé. La figure 2 résume cette approche. Elle identifie les critères pour lesquels un salarié va cibler une entreprise, pour y entrer ou pour y rester pendant une période donnée.

Pour ce faire, ce choix va se fonder initialement sur quatre critères professionnels, intrinsèques (directement liés à l'individu) ou extrinsèques (liés à l'entreprise). Parmi les variables extrinsèques se dessinent la rémunération (au sens large du terme) et les opportunités d'évolution professionnelle (dans et hors de l'entreprise). Les variables intrinsèques concernent les caractéristiques associées à la nature du travail et à la qualité de la relation avec les tiers. Nous rajoutons l'image de marque, ou encore la réputation de l'entreprise, qui constitue un critère tout aussi décisif dans le choix de l'individu. Preuve

14

en est la multiplication des classements des entreprises où « il fait bon travailler » (du journal *Le Monde* ou du magazine *Fortune*), les plus *cools* (édité par *L'Expansion*), les entreprises préférées des jeunes diplômés, etc.

Par conséquent, quatre facteurs guident le choix de l'individu[1]. Il s'agit :

- de l'image de marque de l'entreprise,
- de la rémunération offerte (au sens large du terme, en y intégrant les conditions de travail, les bénéfices annexes, etc.),
- du rôle, ainsi que des responsabilités confiées, mais aussi de l'environnement relationnel proche (collègues et managers),
- et enfin des potentiels de développement futurs.

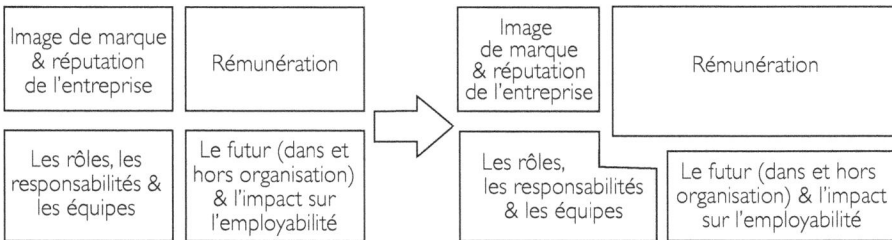

Figure 2 : les quatre grands leviers d'attractivité d'une entreprise

Dans la figure 2, le schéma de gauche est équilibré, l'ensemble des quatre dimensions pesant relativement le même poids. Deux interprétations sont possibles : soit les éléments ont tous la même importance pour le salarié, soit les éléments sont offerts de la même façon

---

1. Les choix identifiés ici présentent de très grandes similitudes avec les nouvelles attentes identifiées par Mike Johnson, à savoir un package de rémunération attractif et complet, une valeur – future – sur le marché de l'emploi, une mobilité rapide d'un poste au suivant, un prestige du poste, et surtout de l'entreprise. Nous retrouvons également ici les quatre grandes variables extrinsèques et intrinsèques à la fidélisation retenues par Pascal Paillé.

par l'entreprise. Par contre, (schéma de droite), si un des éléments vient à manquer, les trois autres devraient compenser ce manque.

Pour l'entreprise, il s'agit de répondre au mieux à ces quatre grandes attentes, et donc de formuler des promesses envers celles-ci. Il s'agit alors de mettre en œuvre quatre grandes promesses :

1. **une promesse de rémunération** : salaire – fixe, variable, à long terme (stock-options, plan d'épargne salarié) –, autres bénéfices (voiture de fonction, assurances, retraite), conditions de travail (temps partiel, *home office*…) ;

2. **une promesse de responsabilisation** : autonomie dans le poste, gestion ou construction, management de personnes, gestion d'un budget ;

3. **une promesse de réputation** : impact de l'image de l'entreprise sur la crédibilité, la performance et l'image du salarié (entreprise « école » comme Procter & Gamble, L'Oréal, Mac Kinsey…) ;

4. **une promesse d'employabilité** : capacité de l'entreprise à développer les compétences du salarié, aussi bien dans le cadre de son développement dans l'entreprise que dans le cas de son départ potentiel. La garantie de l'employabilité est l'ensemble des compétences et des conditions de gestion des ressources humaines nécessaires et suffisantes pour permettre au salarié de retrouver à tout moment un emploi, à l'intérieur ou à l'extérieur de l'entreprise, dans des délais et des conditions raisonnables.

---

### Les promesses offertes par une entreprise de biotechnologie

Une entreprise européenne de biotechnologie en forte croissance sur le marché américain doit se confronter à une concurrence d'entreprises américaines. Sa marque étant peu connue aux USA, elle affronte des difficultés en matière de recrutement, car tous les meilleurs candidats sont naturellement attirés par des entreprises ayant une marque plus reconnue sur le marché local (malgré une meilleure performance financière de l'entreprise européenne).

Ses autres difficultés sont sa taille (de 50 % plus petite que ses concurrents) et son origine (Europe) qui ne lui permet pas d'offrir les mêmes potentiels de développement futurs que les entreprises concurrentes, toutes américaines. Si nous reprenons la figure 2, les deux rectangles « image » et « futur » sont donc plus petits.

Pour compenser ce manque d'image et de potentiel de développement, la majorité des recrutements débouchent sur une négociation salariale âpre, avec, pour conséquence, des salaires moyens dans l'entreprise européenne plus élevés que chez les concurrents. Au même titre, les coûts de recrutements sont beaucoup plus élevés, car ils intègrent une phase d'identification des candidats (search) plus longue et difficile.

L'entreprise propose en compensation des postes plus variés, plus autonomes et intégrant plus de responsabilités.

## L'insuffisance du DRH comme business partner

Depuis la fin des années 1980 et l'apparition du terme « ressources humaines » (en substitut réel ou imaginaire pour certaines entreprises, ou en complément du terme « personnel » pour d'autres), la fonction RH se cherche[1]. Quatre stades d'évolution de la fonction personnel peuvent facilement être identifiés : la phase d'administration du personnel, la phase des relations humaines, la phase du management stratégique des ressources humaines et la phase du développement du potentiel humain[2]. Après avoir été déclinée sous un angle stratégique, elle passe actuellement par une phase de *business partner*. Si cette évolution est un premier succès, lui permettant ainsi de s'éloigner de son image de fonction « support », « administrative » ou « juridique », sa mue totale n'est pas encore réalisée[3].

---

1. L'ouvrage de John Storey, *Human Resource Management : A Critical Text*, propose une perspective des plus critiques sur la fonction Ressources Humaines, et notamment sur les frontières ténues entre la fonction RH et la fonction personnel. Voir également l'ouvrage clé de Paul Blyton et Peter Turnbull.
2. Nous reprenons ici les grandes phases de la fonction RH telles qu'elles sont décrites par Jean-Michel Plane dans son ouvrage généraliste sur *La gestion des ressources humaines*.
3. Le numéro spécial de la revue *Human Resource Management* (1997, vol. 36, n° 1) proposait déjà il y a une décennie des réflexions stimulantes sur l'évolution de la fonction RH. Ces réflexions n'ont toutefois pas disparu, comme nous le rappelle le cahier spécial publié en 2005 par le quotidien *Les Échos*, appelé « Repenser les ressources humaines ».

## Les multiples champs d'intervention de la DRH

La fonction RH couvre un spectre très large, qui va de l'ultra-opérationnel (salaires, assurances…) à l'ultra-stratégique (management du changement, plan de succession du PDG…)[1]. Ce large spectre la rend difficilement perceptible et lui donne des contours assez flous. Sans compter que les champs d'intervention de la fonction RH ont perpétuellement évolué au cours des deux dernières décennies. Pour montrer cette évolution et cette stratification complexe des différentes missions de la fonction RH, nous avons identifié cinq cercles d'intervention imbriqués les uns dans les autres (*cf.* figure 3).

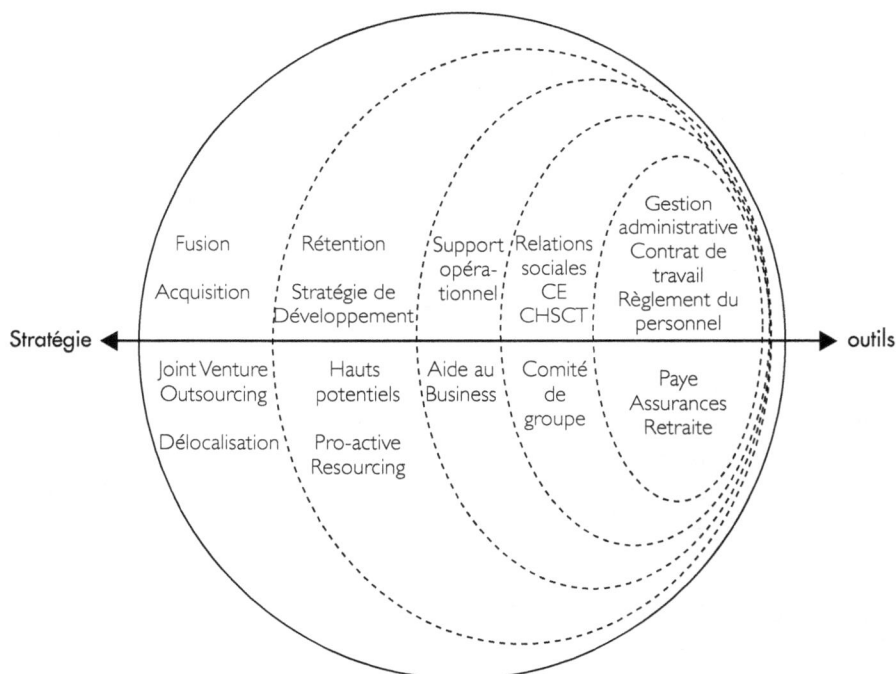

Figure 3 : l'évolution des champs d'intervention du DRH

---

1. Pour de nombreux exemples, voir l'ouvrage de Ian Hunter, Jane Saunders, Allan Boroughs, Simon Constance, *HR Business Partners*, Gower Publishing, 2006.

18

### Premier cercle d'interventions : la gestion administrative

À l'origine, la fonction RH était cantonnée aux tâches administratives de base liées à la paye, à la gestion administrative ou encore aux aspects juridiques complexes et variés du contrat de travail et de la réglementation du personnel – donc à une dimension productiviste. Pour se valoriser aux yeux des « opérationnels », la fonction RH est très vite entrée dans une phase de technicisation, qui, au lieu de la rendre plus crédible, l'a marginalisée pendant de nombreuses années, la faisant passer au rang de fonction « support » vouée à gérer des dossiers techniques[1]. Elle s'est ainsi longtemps cantonnée à un rôle de contrôle et de procédures, avant d'évoluer vers une dimension de « direction du personnel ». Cette phase s'est traduite par le règne des bases administratives de la fonction RH, associé à une phase de développement économique linéaire (croissance) et simple (un travail, une entreprise, une réalité physique et structurelle). Cet état de fait a évolué progressivement au cours des vingt dernières années, donnant à la fonction RH plus de latitude dans des domaines encore considérés comme périphériques : recrutement, formation… Pour renforcer sa crédibilité, la fonction RH s'est construite une image d'expertise technique, au risque d'oublier la composante humaine.

### Deuxième cercle d'interventions : les relations sociales

La fonction RH a rapidement intégré les relations sociales, première ébauche d'une orientation client. Cette composante – stable pendant de nombreuses années – tend désormais à évoluer au niveau de la représentativité des syndicats, des rapports individuels à la syndicalisation ou de la construction émergente de nouvelles relations sociales (global *vs* local, Nord *vs* Sud). La dimension sociale de la fonction RH est entrée en mutation et affrontera de nouveaux types de crises dans les prochaines années.

---

1. L'ouvrage de Jean Fombronne, *Personnel et DRH,* propose un véritable historique de la fonction personnel.

### Troisième cercle d'interventions : la gestion opérationnelle

Dans les années 1980, la DRH est entrée dans une phase de professionnalisation et de diversification *via* la mise en place de process et de méthodes. La technologie va progressivement remettre en cause ces deux premiers cercles « historiques » de la fonction et, pour beaucoup, son assise technique. Mise à l'écart du système de décision de l'entreprise et souffrant d'un manque de reconnaissance des élites techniques qui dirigent nos entreprises, elle a d'abord cherché à renforcer – ou tout simplement à acquérir – sa légitimité *via* une « technicisation » de ses méthodes. Centrée sur ses process, la fonction RH a voulu se positionner comme un acteur « sérieux », car disposant de bases techniques. Elle est ainsi devenue une fonction « support », chargée d'aider le *business*.

Pour ce faire, elle a adopté le mode de pensée dominant des organisations de l'époque – et de leur management –, à savoir la culture produit, centrée sur la dimension technique de l'offre. La notion de fonction support a encore gardé la fonction RH éloignée de la dimension stratégique, en limitant le « client interne » au *business*. Elle a mis le DRH face à des défis contradictoires dans le troisième cercle en limitant le champ d'intervention à un nombre réduit de clients.

#### Service et/ou servilité ?

Lors d'une intervention auprès d'un groupe de jeunes responsables RH, le dirigeant d'une grande entreprise du secteur de la finance a mis en avant il y a quelques années – comme compétence clé d'un DRH – « sa capacité à appuyer les décisions prises par les patrons opérationnels ». Il considérait qu'un DRH doit être au service de son client – le management opérationnel. À l'issue de cette intervention, un des participants posa la question de savoir s'il fallait faire une différence entre « service et servilité »…

Cet exemple montre qu'une clarification est toutefois indispensable dans la conception même de client et de relation avec le client. Cette soumission au bon vouloir du client (servilité) a donc évolué pour contribuer à l'entrée de la DRH dans un nouveau cercle, celui du partenaire stratégique.

### Quatrième cercle d'interventions : le partenaire stratégique

Cette dimension est l'avenir de la fonction RH, avec moins de gestion des ressources et plus de gestion de la complexité. Elle est une combinaison d'expertise technique, de sens de l'organisation et de fortes capacités d'influence et de négociation. Elle construit la valeur ajoutée de la fonction RH autour de sa capacité à apporter de la fluidité, de la flexibilité et de la performance à l'entreprise, *via* un management optimal des ressources humaines internes et externes, dans un cadre de plus en plus global.

La globalisation et la concurrence internationale a rendu le rôle de la fonction RH plus complexe, en évoluant dans un monde sans frontières, plus compétitif, plus rapide et aux comportements imprévisibles. Longtemps isolée dans sa tour d'ivoire, la fonction RH a cherché à se rapprocher du *business* – terme miracle qui se veut un mélange de performance commerciale, de sens du client et de pouvoir managérial. Le *business partner* était né. Mais était-il bien né ?

Cette notion met en avant la relation management/RH comme source de performance organisationnelle. Mais le statut de *business partner* ne peut être réel que s'il combine une grande maturité de l'organisation avec des compétences comportementales nouvelles telles que la capacité d'affirmation, la maîtrise de la négociation et la gestion des conflits.

### Cinquième cercle d'interventions : au service des clients

Cependant, toutes ces dimensions sont désormais fortement influencées – voire menacées dans leur nature et leur raison d'être – par l'intégration dans le cinquième cercle : celui de l'instabilité grandissante des organisations et de leur structure même. La notion de clients devient encore plus complexe et fait entrer dans le « jeu » RH des acteurs parfois hostiles (acquisitions), parfois imperméables aux dimensions humaines de l'entreprise (investisseurs, analystes financiers…) qui donnent une nouvelle dimension à la DRH, celle d'une fonction d'aide à la transition, à la gestion de crise identitaire, et de « stabilisateur culturel ». Pour ce faire, le DRH doit se positionner en « avant-garde » de l'entreprise, mêlant innovation, mise en garde et adaptation.

Dans trop de cas la notion de *business partner* a débouché sur une nouvelle forme de soumission de la fonction RH, celle du syndrome du *yes men*, où le manager RH se retrouvait dans une situation de dire oui à toute exigence du management opérationnel, sous prétexte que ce dernier connaissait où « était » le *business*.

**La fonction RH est donc encore trop étroitement liée au concept de *business partner*, qui limite son interaction avec le client, à son rôle de support du management.** Il s'agit d'une vision à court terme et très anglo-saxonne (voire américaine) du concept RH. Le marketing RH doit donner de nouvelles armes aux professionnels de la fonction pour définir différemment le concept de *business partner* et sortir du carcan opérationnel dans lequel cette vision de la fonction l'a plongé.

L'origine – et le besoin – d'une approche marketing RH est en fait liée à l'évolution même de la fonction, qui passe de plus en plus d'une dimension outil à une dimension stratégique.

## De la technicisation à la dimension stratégique de la fonction RH

Notre dichotomie « stratégie » *vs* « outils » rejoint celle opérée par Dave Ulrich il y a une dizaine d'années. En effet, dans son ouvrage *Human Resource Champions* qui a fait date, Dave Ulrich identifie quatre grands rôles pour les RH : le partenaire stratégique, l'expert administratif, le champion des salariés et, enfin, l'agent de changement (*cf.* figure 4). Dans chacun de ces rôles, le responsable RH doit s'efforcer de créer de la valeur pour les salariés, les investisseurs et les clients de l'entreprise.

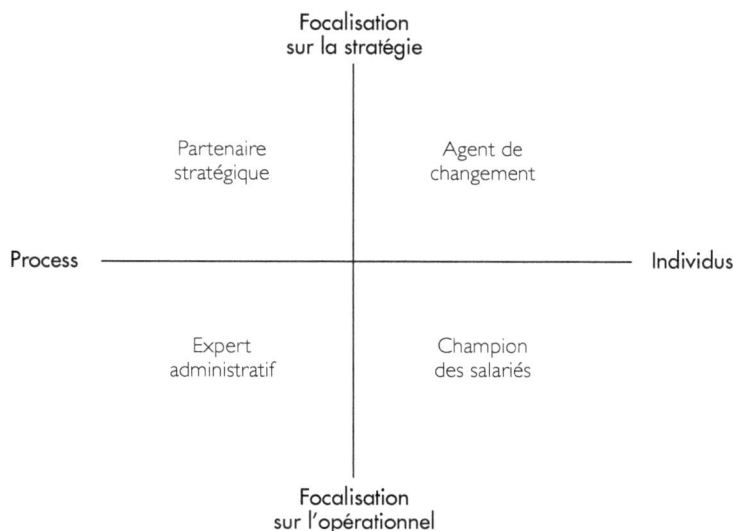

Focalisation
sur la stratégie

Partenaire
stratégique

Agent de
changement

Process ——————————————————— Individus

Expert
administratif

Champion
des salariés

Focalisation
sur l'opérationnel

Figure 4 : quatre rôles pour devenir un champion
des ressources humaines[1]

Pour bien des entreprises, la mise en place du modèle de *business partner* permet de s'éloigner d'une organisation classique en charge des tâches administratives pour s'orienter vers une organisation plus dynamique. Pour le département RH, la technicisation – certes reconnue – de la fonction laisse progressivement place à davantage de stratégie.

---

1. Traduit d'Ulrich D. (1997) *Human Resource Champions*, Harvard Business School Press, Boston, p. 24.

**Une grande entreprise d'horlogerie et bijouterie
devient un véritable _business partner_**[1]

En s'inspirant du modèle élaboré par Dave Ulrich, une grande entreprise
d'horlogerie et bijouterie est passée d'une organisation de type paternaliste
et peu transparente à une culture industrielle orientée vers la clientèle et les
marchés. L'objectif, pour cette entreprise, a été de devenir un véritable
_business partner_, en adaptant sa politique RH aux défis stratégiques de
l'entreprise :

• **Devenir un partenaire stratégique** : l'entreprise met en place un système
de gestion de la performance et des rémunérations, ainsi qu'un management par objectifs.

• **Devenir un agent de changement** : l'entreprise lance ensuite un processus
d'autonomisation de ses groupes de production _via_ la mise en place de
cellules autonomes et responsables.

• **Devenir un expert administratif** : l'entreprise met en place un nouveau
système de gestion intégré.

• **Devenir un champion des salariés** : enfin, en plus d'un nouveau système
de communication interne, l'entreprise améliore la sécurité au travail,
notamment par la mise en place d'un système de gestion des dysfonction-
nements.

Cependant, le modèle de Dave Ulrich positionnant le DRH comme
_business partner_ est aujourd'hui insuffisant. Il vise à faire évoluer le
rôle de la fonction RH pour la sortir de la dimension purement
_process_ et opérationnelle afin de l'amener vers plus de stratégie et
d'impact sur les individus. C'est une étape importante dans l'évolution de la fonction, mais qui doit aujourd'hui être complétée pour
les raisons suivantes :

• Le modèle ne précise pas le « comment » de la notion de partenaire. Il reste « collé » à la dimension _process_ et n'intègre pas le
mode relationnel à mettre en place pour devenir un partenaire de
choix (par opposition à un partenaire imposé, ou de « deuxième
catégorie »).

---

1. D'après _HR Today_ (2005) « Comment rebondir dans les métaux précieux grâce aux
RH », juin.

- Il ne va pas assez loin dans la notion de client (il reste au niveau des individus, sans préciser l'hétérogénéité de cette notion, et en ne citant pas les clients « institutionnels » – syndicats, prestataires, universités…).

- Il n'intègre pas le fait que la fonction RH n'est pas forcément reconnue *a priori* pour jouer ces rôles et qu'elle doit faire ses preuves pour pouvoir accéder à certaines dimensions telles que la capacité à apporter une valeur ajoutée sur la stratégie. La fonction RH doit donc aussi se vendre.

Depuis l'apparition de ce modèle, les professionnels des ressources humaines ont été, entre autres, appelés agents du changement, champions des salariés, coachs, facilitateurs, HR leaders, consultants internes, agents de bord, managers de clients, etc. **Mais à aucun moment le DRH n'a été perçu comme un vendeur de produits et de services RH à l'ensemble des parties prenantes concernées.** La mise à jour de ce modèle, en 2005 avec Wayne Brockbank, reste insuffisante, et ce malgré l'ajout d'un cinquième rôle, celui du leadership RH.

En dépit de cette nouvelle approche qui souligne davantage l'impact des ressources humaines sur les diverses parties prenantes de l'entreprise, il manque encore au modèle d'Ulrich et Brockbank une dimension fondamentale : celle de la vente – terme encore considéré comme négatif – et de la nouvelle fonction du DRH – être un **DRH « vendeur et influenceur »** pour que la fonction RH puisse (se) vendre, fidéliser et se renouveler. La fonction RH est en train de changer dans une perspective toujours plus stratégique[1], le DRH, lui-même, ayant besoin de développer des compétences en communication, outre ses compétences « humaines » (comme le souligne Michael Nieto). C'est l'apparition du marketing RH.

**Le marketing RH est une nouvelle vision des priorités RH qui va au-delà de la logique *business partner*.**

---

1. Voir Brian B. Becker, Mark A. Huselid, Dave Ulrich (2001), *The HR Scorecard*, Harvard Business School Press.

## Conjuguer RH et marketing

Marketing et ressources humaines sont deux fonctions distinctes dans les entreprises. Cependant, le marketing dépend du département des ressources humaines pour attirer, retenir et motiver un personnel en phase avec les objectifs de l'entreprise, souligne Philip Kotler. En retour, le département RH définit sa « raison d'être » à travers les services rendus dans toutes les autres fonctions de l'entreprise comme le marketing[1]. Néanmoins, l'imbrication entre marketing et ressources humaines ne s'arrête pas à ce simple échange de services.

> **Les ressources humaines peuvent s'inspirer des stratégies, politiques et outils marketing pour créer un nouvel état d'esprit.**

Le marketing RH a très vite privilégié un fort rapport avec la vente, alors présenté comme une palette d'outils de publicité et de communication permettant au DRH de vendre ce qu'il a à vendre[2]. Dès lors, le principe de communication a surtout servi de relais pour attirer et retenir les salariés. Son application directe a toujours concerné, quasi exclusivement, le recrutement[3], même si la notion de « marketing RH » peut correspondre à une fonction au sein même de l'entreprise.

Si les tentatives de rapprochements entre le marketing et les ressources humaines sont historiquement bien antérieures au marketing RH (on retiendra, par exemple, les réflexions importantes sur la

---

1. Les articles de Jacqueline Chimhanzi publiés dans le *European Journal of Marketing* et le *Journal of Marketing Management* analysent ces interdépendances entre les fonctions marketing et HR dans les entreprises.
2. L'ouvrage d'Étienne Segrétain, le premier du genre sur le *marketing des ressources humaines*, est une bonne illustration de cette approche uniquement centrée sur la communication.
3. Le dernier article consacré au marketing RH, publié par la revue *Entreprise & Carrières* (du 21 mars 2006), propose une approche exclusivement centrée sur le recrutement.

gestion des forces de ventes), chacune de ces disciplines a eu tendance à redéfinir les tenants et aboutissants de ces nouveaux champs d'investigation : il en va ainsi du marketing social ou encore du marketing interne. Il convient donc à ce stade de notre réflexion d'effectuer une clarification entre ce qui est appelé marketing RH et ce qui a été d'ores et déjà défini comme le marketing social et le marketing interne.

## Le marketing RH n'est pas du marketing social...

Il est souvent d'usage – à tort – de confondre marketing RH et marketing social. Cependant, le marketing social – tel qu'il est défini dans le champ du marketing[1] ou dans celui des ressources humaines – ne correspond pas du tout à la même définition.

### Le marketing social : définition[2]

Du point de vue des ressources humaines, le marketing social est un état d'esprit visant à aborder différemment la relation entre le salarié et son employeur. Le marketing social intègre les outils marketing pour aider l'entreprise à confronter en permanence ses points de vue avec ceux de ses différentes parties prenantes (essentiellement les salariés), jusqu'à jouer sur les émotions.

Et c'est bien souvent la marque qui permet de jouer sur les émotions. Aussi, le pilier de la démarche de marketing social est-il la notion de marque employeur, tandis que celui du marketing RH est avant tout la notion de consommateur (ou de client) et la démarche de segmen-

---

1. En marketing, selon Philip Kotler et Gérald Zaltman – inventeurs du terme –, le marketing social renvoie aux applications du marketing pour le bénéfice de la société. Le marketing social combine les approches traditionnelles, de manière à susciter le progrès social. *In fine*, les politiques de marketing social peuvent servir à sensibiliser envers certaines problématiques sociales, environnementales ou culturelles.
2. D'après Didier Pitelet (2005) *La nouvelle parole de l'entreprise. Essai sur le marketing social*, Médialivre, Paris.

tation. La marque n'est d'ailleurs que la résultante d'une analyse approfondie des attentes des consommateurs et de la différenciation des produits.

Dans le marketing social, la place de la communication y est aussi très (trop ?) importante, puisqu'elle place « *l'homme au cœur de l'organisation par une communication claire, transparente et éthique*[1] ». L'employeur doit alors être à l'écoute du salarié. Le marketing social joue sur le registre de l'affect du salarié pour que celui-ci se sente bien dans l'entreprise. Cela va évidemment au-delà d'une simple politique de communication et implique ainsi des politiques de reconnaissance, d'amélioration des conditions de travail, voire de fidélisation du salarié.

Nous pensons que le marketing social réduit les RH à un rôle uniquement social, alors que la réalité opérationnelle de la fonction est davantage centrée sur le concept de performance, dans laquelle la dimension sociale n'est qu'un outil parmi tant d'autres.

De plus, l'association des termes marketing et social, ou l'accent mis sur la communication, risque de limiter le rôle de la gestion des ressources humaines (et le rôle de la DRH) à améliorer le climat social de l'entreprise[2].

Le marketing RH reprend cette idée de donner du sens au travail. Cependant, si le marketing social reste ancré dans une démarche de bien-être, le marketing RH met véritablement le salarié dans une démarche « marchande », celui-ci devenant le véritable client interne de l'entreprise.

> **Le marketing RH est voué à se centrer sur la notion de « clients », qui reste trop souvent floue pour les responsables RH.**

---

1. Didier Pitelet, *op. cit.*
2. Bernard Galambaud soulignait déjà, il y a une vingtaine d'années, sa méfiance quant aux pièges inhérents à ce qui constitue un glissement sémantique.

## Le marketing RH n'est pas du marketing interne, mais il s'en inspire...

Dans les années 1980 est apparu le terme de « marketing interne », un nouvel état d'esprit visant à appliquer les techniques du marketing, non plus à l'extérieur de l'entreprise (en externe), mais à l'intérieur de celle-ci (en interne).

Il s'agit d'une approche centrée sur les salariés, considérés comme les détenteurs du succès ou de l'échec de leur organisation. C'est pourquoi le marketing interne est premièrement apparu dans les entreprises de service[1], celles qui mettent leurs salariés au premier plan, c'est-à-dire au contact direct avec la clientèle. Le marketing interne suppose une analogie entre espace marchand et espace organisationnel, soit entre le client et le salarié[2]. Le marketing interne considère ainsi les salariés comme un marché à conquérir, et ces derniers sont alors eux-mêmes davantage considérés comme des « clients internes ».

### Le marketing interne : définition[3]

Le marketing interne peut être défini comme « un ensemble de méthodes et de techniques qui, inscrites dans un plan d'action en trois phases (compréhension du marché interne, mis en adéquation avec les exigences du marché externe, organisation du changement et mobilisation des hommes), vont permettre à l'entreprise de disposer en permanence d'un capital de ressources humaines capable de dynamiser et d'accompagner son propre développement ». Le marketing interne repose ainsi sur une relation commerciale individu/organisation.

---

1. Voir les travaux précurseurs dans les années 1980 de Christian Grönroos ou encore de Leonard Berry, dans des ouvrages consacrés au marketing des services.
2. En d'autres termes, le marketing interne devient un moyen de supplanter les relations internes fondées sur l'autorité *« par des modalités d'échanges issus de l'espace marchand »*, soulignent Amélie Seignour et Pierre-Louis Dubois, dans un article publié dans la *Revue française de gestion*.
3. D'après Michel Levionnois (1987) *Marketing interne et management des hommes*, Éditions d'Organisation, Paris, p. 30.

L'objectif est ainsi de mettre en œuvre un ensemble de méthodes et de techniques dans l'intérêt simultané des clients et des salariés. Le but de l'entreprise est de renforcer la prise en compte de la clientèle ; si les salariés sont appréhendés comme les premiers clients de la direction, le destinataire ultime reste le client final. L'objectif reste donc de nature économique : accroître la satisfaction du consommateur à partir d'actions et de principes menés directement auprès des salariés de l'entreprise.

Le produit à vendre est non seulement celui de l'entreprise, mais également celui de son management, c'est-à-dire ses conditions de travail, son climat, la richesse de son environnement, son mode de fonctionnement, ses images, ses plans et projets de développement, etc.

Le marketing interne se veut une approche globale du management des hommes, mais qui reste principalement fondé sur la formation et la communication au service d'objectifs spécifiques[1]. Des relations marchandes entre le salarié et son supérieur hiérarchique remplacent les relations hiérarchiques traditionnelles. Ce qui change fondamentalement la relation, en parlant plus de confiance, de long terme ou encore de fidélisation.

Une des missions principales du marketing interne est alors de répondre aux problèmes de motivation et d'implication du personnel dans la vie quotidienne de l'entreprise. Pour cela, il s'agit de changer les représentations et les comportements au travail, mettre en place cette relation marchande entre l'employeur et ses salariés, et ainsi faire en sorte que ces derniers soient plus satisfaits dans leur travail. En ce sens, les salariés constituent aussi un marché à conquérir pour l'organisation[2].

Le marketing RH reprend cette « pensée client » et cette attitude fondée sur un marché à conquérir. Néanmoins, ce n'est pas du

---

1. Voir l'état de l'art sur le marketing interne réalisé par Amélie Seignour et publié dans la revue *Recherche et Applications en Marketing*.
2. C'est tout l'état d'esprit de l'ouvrage publié par Michel Levionnois au milieu des années 1980 sur le marketing interne et le management des hommes (*op. cit.*).

30

marketing interne, car le marketing RH dépasse la simple notion de communication ou encore de système marchand et propose une approche plus complète – ou complexe – de la notion de client.

En effet, **le marketing RH doit considérer les salariés – actuels, passés, mais aussi futurs – comme les clients finaux d'une DRH qui doit leur « vendre » des prestations** (formations, employabilité, plan de rétention, possibilités d'investir dans l'entreprise *via* des plans d'actions salariés, etc.). Mais la notion de clients ne doit pas se limiter aux seuls salariés : elle peut aussi concerner la direction, les actionnaires et tous ceux à qui la DRH souhaite vendre ses produits et services – et accessoirement se vendre pour asseoir sa légitimité.

> **Le marketing RH propose ainsi de mieux se centrer sur la DRH.**

### Le marketing RH s'inspire du marketing interne et du marketing social

**Au marketing interne**, il emprunte cette réflexion de considérer le salarié – ainsi que toutes les parties prenantes – dans une relation marchande. Il s'agit pour la DRH de vendre et de se vendre.

**Au marketing social**, il emprunte cet esprit de bien-être et cette volonté de fabriquer un environnement au travail agréable afin de séduire. Mais les ressources humaines et la DRH doivent davantage mobiliser les outils marketing pour ne pas restreindre cette approche aux 10 % de la surface visible de l'iceberg, c'est-à-dire la communication.

## Le marketing RH au croisement du marketing, des RH et de la stratégie

Le marketing RH n'est pas seulement le fruit de l'union entre le marketing et les ressources humaines. Il possède également une dimension stratégique.

La figure 5 explore les différentes imbrications entre la stratégie, le marketing et les ressources humaines. À la croisée du marketing et des ressources humaines se trouve le marketing interne. Le marketing interne renvoie à la communication orientée *business*, c'est-à-dire aux manières de motiver et d'impliquer les salariés (notamment à travers la culture d'entreprise pour leur faire prendre conscience de l'identité organisationnelle).

### Vers un management symbolique des ressources humaines[1]

Du point de vue conceptuel, l'un des premiers rapprochements entre le marketing, les ressources humaines et la stratégie tient au travail de Per-Olof Berg sur ce que l'auteur dénomme un management symbolique des ressources humaines. Par « management symbolique », il faut comprendre l'ensemble des tentatives visant à définir culturellement l'entreprise, c'est-à-dire communiquer son identité culturelle en interne (collaborateurs) et en externe (autres parties prenantes). Per-Olof Berg plaide particulièrement pour une intégration totale de la stratégie, des activités marketing et des ressources humaines. De ces interactions naissent trois tendances inter-reliées en management : le marketing stratégique et corporate advertising, le marketing interne et le management stratégique des ressources humaines. Avec la culture d'entreprise servant de base de communication (interne et externe), le management symbolique agit simultanément le long de ces trois axes stratégiques. Avec Mats Alvesson, Per-Olof Berg ironise sur les risques de manipulation et de séduction que comporte une telle démarche dans l'entreprise.

**Le marketing stratégique – rencontre de la stratégie et du marketing – a pour objectif d'influencer l'image publique de l'entreprise et de procéder à une conquête du marché.** Une bonne image n'est pas seulement bénéfique à la réputation de l'entreprise, mais peut également servir la fierté du salarié (une entreprise reconnue à l'extérieur encourage l'implication et la cohésion à l'intérieur même de l'organisation). Enfin, **une mobilisation stratégique des ressources**

---

1. D'après Perl-Olof Berg (1986) "Symbolic Management of Human Resources", *Human Resource Management*, vol. 25, n° 4, 557-579 et Mats Alvesson, Per-Olof Berg (1992). *Corporate Culture and Organizational Symbolism : An Overview*, Walter de Gruyter.

**humaines encourage l'adéquation de la politique RH avec la stratégie de l'entreprise.**

Figure 5 : les interactions entre la stratégie, le marketing
et les ressources humaines[1]

Le marketing RH utilise la connexion entre stratégie et marketing pour inspirer sa propre communication, mais une véritable démarche de marketing RH tend à montrer que la source d'inspiration principale est la stratégie de l'entreprise, plus que sa déclinaison marketing. La fonction marketing agira plus en source d'exemple et de formation, pour montrer comment la fonction RH doit agir (voire se structurer) pour adopter une attitude RH.

---

1. Librement adapté de Per-Olof Berg, *op. cit.,* p. 566.

C'est aussi dans le lien entre stratégie et ressources humaines que le marketing RH apporte sa véritable valeur ajoutée, en tant que démarche globale d'analyse des clients et de construction de réponses adaptées à la fois aux cibles identifiées par la stratégie, aux attentes de ces cibles, et à la réalité organisationnelle.

Le tableau 3 résume les éléments de convergence et de divergence entre le marketing interne, le marketing social et le marketing RH. À noter que ces trois approches se fondent finalement sur un état d'esprit plutôt que sur une palette d'outils.

Tableau 3 : distinguer le marketing RH du marketing interne
et du marketing social

|  | MARKETING INTERNE | MARKETING SOCIAL | MARKETING RH CENTRÉ SUR LA COMMUNICATION | LE MARKETING RH |
|---|---|---|---|---|
| **Références clés** | Berry (1984) Grönroos (1981) Levionnois (1987) Seignour (1998) Seignour, Dubois (1999) Varey (1995 a, b) | Igalens (2002) Pitelet (2005) | Liger (2004) Segrétain (1998) | Cet ouvrage |
| **Point de départ** | Considérer les salariés comme des clients | Répondre aux nouvelles exigences sociales des salariés | Attirer, intégrer et fidéliser les salariés | Vendre, se vendre, fidéliser, se renouveler et s'adapter |
| **Objectifs** | Accroître la satisfaction du consommateur à partir d'actions et de principes menés auprès des salariés. | Animer et structurer une réputation et une marque employeur | Considérer le salarié comme un véritable client en privilégiant l'individualisation tout en cherchant à se différencier des concurrents | Mettre en place une démarche globale, et non partielle. Intégrer plusieurs dimensions du marketing |

| | MARKETING INTERNE | MARKETING SOCIAL | MARKETING RH CENTRÉ SUR LA COMMUNICATION | LE MARKETING RH |
|---|---|---|---|---|
| Concept clé | Client | Corporate branding | Séduction | Les 4P |
| Philosophie | Instaurer une relation marchande avec le salarié | Donner un sens au travail | Travailler sur l'image de l'entreprise | Une attitude globale au service de la performance de la fonction RH |
| Mots clefs | Espace marchand Client | Séduction, transparence, animation, réputation, image employeur, motivation | Séduction, segmentation, image | Séduire, segmentation, positionnement, clients, vendre, employabilité, Distribution, prix et valeur, Mix RH |
| Rôles de la fonction RH | Considérer le salarié dans une relation marchande et non plus hiérarchique | Réconcilier le salarié avec la notion de travail et son environnement de travail | Construire un plan de communication | Prestataire de services et vendeurs de produits RH |
| Outils au cœur de la démarche | Systèmes de récompense, formations, etc. pour améliorer la satisfaction des salariés. Politique de *branding* interne (les produits ciblant les clients et les salariés). | Internet, nombreux outils centrés sur la communication et tous les outils permettant aux salariés de mieux se sentir dans l'entreprise. | Outils associés à la communication marketing (image de marque, *employee branding*…) | Nombreux outils issus du marketing (courbe de cycle de vie, matrice de positionnement, matrice de segmentation, analyse du système de distribution, pricing et valeur…) |

Le marketing RH, tel qu'il a été présenté jusqu'à présent, est beaucoup trop axé sur cette dimension communicationnelle.

**Les 90 % de la surface immergée de l'iceberg concernent effectivement la mise en œuvre d'un véritable**

**plan marketing, avec une segmentation du marché
à conquérir, le positionnement de la gamme
de produits RH et de services RH proposés,
et la transcription d'une véritable démarche marketing mix
adaptée au champ des ressources humaines.**

### Ce qu'est le marketing RH...

- Une nouvelle attitude ou un nouvel état d'esprit.
- Une démarche globale qui ne se limite pas à la « pub », la partie visible de l'iceberg, et qui vise à construire et mettre en œuvre une stratégie plutôt que d'utiliser des outils.
- Un mode de pensée associé à une expertise « marché », qui prend en compte toutes les dimensions du marketing, pour adapter leur utilisation au niveau de maturité de l'entreprise.
- Une approche de fond.
- Un mix.
- Une approche complexe, liée à des choix stratégiques et centrée sur des cibles.
- Une approche « mouvante ».

### Ce que n'est pas le marketing RH...

- Un effet de mode.
- Un outil de communication.
- Une technique stable.
- Une démarche de surface.
- Une approche simple centrée sur le client.

## Le marketing RH, objet de tous les mix

Le mix a depuis une vingtaine d'années fait son entrée dans le champ des ressources humaines. Retenons là l'idée de dimensions clés à considérer à l'instar de ce concept du « mix » développé en marketing. Afin de favoriser, entre autres, la motivation et l'implication au travail – voire la fidélisation –, certains auteurs évoquent volontiers l'importance du « mix social » ou du « personnel mix ». Il s'agit d'une sorte d'architecture globale qui permet de saisir la complexité, la cohérence et les enjeux de la gestion des ressources humaines. Cependant, à en croire les différentes lectures que nous pouvons trouver sur le sujet, il n'existe pas un, mais des mix, chacun ayant finalement réalisé son propre mix.

Henri Mahé de Boislandelle est l'un des premiers à proposer une architecture globale constituant une grille d'analyse possible d'une politique de gestion des ressources humaines ; elle s'articule autour de quatre politiques complémentaires : la politique d'emploi, la politique de rémunération, la politique de valorisation et la politique de participation. Pour chacun de ces domaines, il est possible de déterminer une panoplie de variables d'action permettant ainsi d'aboutir à une gestion efficiente.

Bernard Martory et Daniel Crozet rajoutent l'image sociale de l'entreprise aux éléments constitutifs du personnel mix que sont, pour ces auteurs, la politique salariale, la valorisation sociale, les relations paritaires et le climat social.

Différence majeure entre le mix social et le personnel mix, ce dernier est clairement identifié dans une perspective de pilotage social : climat social, conflits sociaux, absentéisme ou encore *turnover* sont autant d'indicateurs permettant à l'entreprise de mesurer l'évolution de son personnel mix (soit les fondements de sa politique sociale).

Le tableau 4 propose un découpage de ces mix (mix social, mix stratégique des RH et personnel mix) par grands domaines de GRH. Ce découpage est certes simpliste, car la GRH est présentée comme un système, alors synonyme de complexité. Les différents domaines de GRH sont interdépendants et peuvent être difficilement isolés[1].

---

1. Pour faire nôtre une métaphore utilisée par Jean-Louis Le Moigne afin de décrire la complexité d'un système, découper un saucisson en fines tranches a du sens, mais appliquer la même méthode de découpe pour un poulet serait absurde.

Tableau 4 : mix social et personnel mix

| | MIX STRATÉGIQUE DES RH (LES 5 « C ») | MIX SOCIAL | PERSONNEL MIX |
|---|---|---|---|
| Domaines RH concernés | Réale, Dufour (2005) | Mahé de Boislandelle (1994, 1999) | Martory, Crozet (2002) Peretti (1986) |
| Rémunération globale | Compensation | Rémunération | Politique salariale |
| Recrutement Sélection Planification de la main-d'œuvre | Compétences | Emploi | Valorisation sociale |
| Évaluation Formation Gestion des carrières Santé et sécurité au travail | Carrières | Valorisation | |
| Climat social Conflits sociaux Turnover | | | Climat et comportement sociaux |
| Image externe de l'entreprise Difficulté de recrutement | Communication | | Image sociale de l'entreprise |
| Transversale à la fonction RH | | Participation | |
| Représentativité syndicale Instances paritaires Qualité des négociations | Coopérations | | Relations paritaires |

Si le « personnel mix » dit s'inspirer du marketing mix (comme le clament Bernard Martory et Daniel Crozet, par exemple), ce n'est que dans son fonctionnement opératoire. En ces termes, le « personnel mix » ne reprend que l'état d'esprit du marketing mix, c'est-à-dire l'identification de quatre piliers au cœur de la politique sociale de l'entreprise.

**Le marketing RH doit s'inspirer du marketing mix, non seulement dans l'esprit, mais également à la lettre :** en d'autres termes, il doit s'articuler sur les quatre dimensions du marketing mix, à savoir le produit, le prix, la place et la promotion. C'est le fondement de ce nouvel état d'esprit, émergent, en ressources humaines.

C'est en ce sens que Michel Levionnois, il y a plus de vingt ans, entendait le personnel mix dans une démarche marketing orientée en interne, c'est-à-dire au sein même de l'entreprise. Cependant, les variables du marketing mix ainsi décrites servaient davantage l'individu. Aussi, par produit il fallait comprendre les atouts de l'individu (compétences, style de management, etc.). Le prix renvoyait davantage à la propre performance de l'individu et était en lien direct avec le système d'appréciation et la rémunération globale de ce dernier. La distribution n'était autre que la capacité de l'individu à faire passer l'information, que ce soit au niveau horizontal ou de manière ascendante et descendante. Enfin, la promotion faisait référence à l'image et à la place de l'individu dans l'entreprise, le célèbre « connais-toi toi-même » cher à Socrate dans la Grèce antique.

**À la différence de cette logique du marketing interne qui se veut centrée sur l'individu, les variables du marketing mix (produit, prix, place, promotion) bénéficient à la DRH et à l'entreprise elle-même.** Cela permet à la DRH de vendre le produit ou le service qu'elle a à vendre auprès de ses clients (salariés, direction générale, voire actionnaires), mais également de se vendre auprès de ces mêmes acteurs afin de justifier la position stratégique qu'elle occupe dans l'entreprise aujourd'hui.

Par manque de culture marketing, la fonction RH tend bien souvent à limiter son approche du marché à une simple réflexion centrée sur la communication, et ciblée sur une niche (les candidats), alors qu'un véritable positionnement marketing de la fonction suppose de prendre en compte des dimensions plus complexes, telles que, par exemple, la stratégie de prix, la segmentation suivant les cibles, le positionnement des services ou les canaux de distribution RH.

## Les fondements du marketing RH

| | | |
|---|---|---|
| **Nouvel environ-nement, Nouvelles attentes** | **Les dilemmes ou tensions sociales** | • Vision locale *vs.* mondiale, performance *vs.* bien-être, court *vs.* long terme sont les défis auxquels est confrontée la DRH |
| | **Une culture de zapping professionnel** | • Les salariés aux aspirations nomades changent d'entreprise lorsque ceux-ci sentent leur carrière bloquée |
| | **L'évolution des attentes des salariés** | • Les années 1990 ont vu la disparition du contrat de fidélité réciproque – et de loyauté sans faille – du salarié |
| | **Quand le salarié prend le contrôle de son employabilité** | • Les choix d'une entreprise se fonde sur quatre critères professionnels, intrinsèques (nature du travail, relation avec les tiers) ou extrinsèques (rémunération, opportunités d'évolution) |
| **L'insuffisance du DRH comme** *business partner* | **Les multiples champs d'actions de la DRH** | • La DRH couvre un spectre large, de l'ultra-opérationnel (salaire assurances…) à l'ultra-stratégique (changement, succession) |
| | **De la techni-cisation à la stratégie** | • Le modèle de *business partner* permet de s'éloigner des tâches administratives pour la stratégie. Mais ce modèle est insuffisant.<br>• La DRH n'est pas perçue comme un vendeur de prestations RH |
| **Conjuguer RH et marketing** | **Ce n'est pas du marketing social…** | • Le marketing social donne une importance à la communication<br>• Le marketing social reste ancré dans une démarche de bien-être |
| | **Ce n'est pas du marketing interne…** | • Le marketing RH reprend la « pensée client » et cette attitude de marché à conquérir, mais va au-delà de la communication ou du système marchand et propose une approche plus complète |
| | **Au croisement de la stratégie** | • Avec le marketing RH, la source d'inspiration principale est la stratégie de l'entreprise, plus que sa déclinaison marketing |
| | **Le marketing RH, objet de tous les mix** | • Permet de saisir la complexité, la cohérence et les enjeux de la gestion des ressources humaines |

## Les fondements

Apparu à la fin des années 1990, le marketing RH est souvent présenté sous le seul pan de la communication. Les 90 % de la surface immergée de l'iceberg concernent effectivement la mise en œuvre d'un plan marketing, avec une segmentation du marché à conquérir, le positionnement de la gamme de produits et de services proposés, et la transcription d'une véritable démarche marketing mix adaptée au champ des ressources humaines.

Le marketing RH se distingue du marketing interne, apparu dans les années 1980. Si les deux approches considèrent les salariés comme un marché à conquérir (la « pensée client »), le marketing RH :

- ne considère pas seulement les salariés (clients internes), mais s'adresse à toutes parties prenantes que la DRH doit convaincre pour se vendre et vendre son produit ou son service RH ;
- n'a pas pour objectif de vendre mieux aux consommateurs, mais bénéficie avant tout à la DRH.

Le marketing RH se distingue aussi du marketing social. Si le pilier de la démarche de marketing social est la marque employeur, celui du marketing RH est la notion de clients et la démarche de segmentation. Dans le premier cas, il s'agit de communiquer (jusqu'à jouer sur les émotions) ; dans le second, il s'agit pour la DRH de (se) vendre − et non pas seulement de considérer le seul registre du bien-être dans l'entreprise.

## La nécessité

Le rapport de force entre l'entreprise et les salariés s'est inversé. Attirer, retenir et développer les meilleurs talents ne suffit plus. La fonction RH doit également (se) vendre, fidéliser et se renouveler. Elle doit repenser ses modes d'action, en favorisant une démarche plus holistique, orientée clients, où l'adaptabilité organisationnelle doit remplacer la rigidité du *process*.

## La mise en œuvre

Le marketing RH s'inspire du marketing mix, non seulement dans l'esprit, mais également à la lettre : il doit s'articuler sur les quatre dimensions du marketing mix, à savoir le produit, le prix, la place et la promotion. C'est la base, le fondement ou encore les quatre piliers de ce nouvel état d'esprit, émergent, en ressources humaines.

# 2

# Segmenter sa population RH

Le marketing RH est bien plus complexe qu'une simple opération de communication, aussi ciblée soit-elle. Il s'agit d'un ensemble d'analyses, de techniques et d'actions visant à développer, lancer et assurer le développement de services ou de produits issus de la fonction ressources humaines ; ces produits RH ou ces services RH sont destinés à un ensemble de cibles – toutes différentes – unies par un trait commun : la relation privilégiée à construire (société, potentiels de nouveaux candidats, monde associatif…), à développer (salariés actuels et futurs, hauts potentiels, anciens…), à renforcer (motivation des salariés) ou encore à gérer.

**Le point de départ de cette démarche est la compréhension du marché (et donc des clients) pour apporter une réponse commerciale adéquate** ; il s'agit de faire acheter, en passant par un produit répondant aux attentes, de penser l'accessibilité du système de distribution et, finalement, de privilégier une politique de prix en ligne avec le produit et les objectifs de pénétration de l'entreprise.

Si le mot commercial peut choquer, il traduit au mieux la réalité actuelle. Toute stratégie marketing s'emploie à tout faire pour qu'un produit se vende mieux et plus[1]. Le marketing RH ne diffère en rien

---

1. Tel qu'il est clairement indiqué dans l'ouvrage consacré à la segmentation du marché de Malcom McDonald et Ian Dunbar, l'essence du marketing se trouve dans le processus voué à définir les marchés où l'entreprise opère, à quantifier les attentes des groupes de consommateurs (par la segmentation), à déterminer et à communiquer la manière de répondre à ces attentes et à surveiller constamment l'offre ainsi proposée.

de cette approche. Il vise à analyser un marché, à proposer des prestations RH (des produits ou des services), à les lancer (créer le besoin) et à les faire acheter par les clients potentiels bien ciblés.

Dans le cadre de notre ouvrage, nous considérerons l'acte d'achat comme étant un acte d'usage. Un service RH utile sera employé par les personnes pour lesquelles il a été développé. Pendant longtemps, cette « valeur d'usage » a principalement été due à la dimension obligatoire, ou à la contrainte, liée à la nature même du service RH. Les nouvelles réalités de la fonction RH mettent en avant le besoin de conviction et de *buy in*, autrement dit d'adhésion à un service pour en favoriser la mise en place et le développement.

Ce chapitre propose de s'interroger sur la manière de rendre ces notions compatibles avec l'univers de la fonction ressources humaines. De manière plus opérationnelle, il s'agit de voir comment le fait de segmenter son marché, de cibler ses clients et de positionner son ou ses services RH peut devenir un élément fondamental d'une stratégie ressources humaines imprégnée de marketing et d'une DRH inspirée par un véritable marketing RH.

## Passer d'une culture « produits » à une culture « clients »

Un véritable état d'esprit « marketing RH » nécessite de penser différemment (dans) l'entreprise. Cette réflexion nécessite de dépasser la pensée « produit » pour privilégier la notion de « clients ». Le client occupe aujourd'hui une place centrale au sein de toutes les fonctions et processus des entreprises, et la fonction RH ne semble pas y échapper. Preuves en sont toutes les réflexions centrées sur le client ou encore le renforcement des démarches qualité. **Encore faut-il saisir que la notion même de client a évolué.**

### Les limites d'une pensée « produit »

Pendant trop longtemps, le point de départ de la stratégie RH a été le produit ou le *process*, considéré comme la raison d'être de la fonction : la paye, le recrutement, le contrat de travail, etc. constituaient autant de produits différents qui devaient être mis en place, ou au mieux implantés, pour montrer le sérieux et l'efficacité de la fonction RH. Il fallait faire du techniquement beau plutôt que de l'efficace, de l'innovant plutôt que de l'utile, du technique plutôt que du vendable !

Par souci de reconnaissance, les experts de la fonction ont progressivement développé des services ou des produits en concentrant leur énergie sur le développement technique. De belles initiatives sont nées, ainsi pilotées par les RH, avec pour uniques participants… des représentants de la DRH.

Quelles en ont été les conséquences ? Plusieurs produits RH sont nés de cette vague de recherche de la reconnaissance de l'expertise, valorisant la réalisation plutôt que l'utilité. Comme un ingénieur enfermé dans sa recherche, le rôle du praticien RH ne doit pas être réduit à un développeur de produits et de services, centré sur l'excellence technique, au détriment de la dimension humaine.

L'expertise technique a cela d'intéressant qu'elle « isole » et rend indispensable en soulignant l'importance du savoir théorique. Au même titre qu'un médecin utilise volontairement un langage incompréhensible pour éviter une perte de pouvoir, le professionnel RH s'est positionné en connaisseur « du personnel », au risque de déresponsabiliser l'organisation et de faire croire qu'un processus était, à lui seul, une solution.

## Un système de management des compétences inapproprié

Une entreprise décide de se doter d'un outil de management des compétences lui permettant de faire évoluer sa culture de la performance, fondée sur le « combien » (nombreuses mesures de performance quantitatives, centrage sur le résultat à court terme et la performance financière) en y intégrant une dimension de développement à moyen terme, et de « comment » (attitude, compétences, potentiel, etc.).

Le groupe de travail chargé de ce projet de GPEC (gestion prévisionnelle des emplois et des compétences) prend le sujet très à cœur et développe en quelques mois – et à grand renfort de consultants – un système de compétences ayant les caractéristiques suivantes :

- six familles de compétences ;
- dix-huit compétences ;
- quatre niveaux pour chacune des compétences (en fonction du niveau de responsabilités) ;
- quatre questionnaires d'analyse des compétences à remplir par le salarié et son manager ;
- pour chaque compétence et chaque niveau, un catalogue de formation reprenant des offres de stages, des programmes d'e-learning ou des propositions de lectures ;
- des déclinaisons par fonction et par métier (recherche et développement, vente…).

Le système est donc sophistiqué, articulé autour de la réalité organisationnelle de l'entreprise et répondant à un objectif stratégique. Et pourtant…

Très rapidement le système de management des compétences s'avère lourd et peu utilisé. En fait, il est utilisé, mais de manière sélective par les clients internes. Si les six familles de compétences deviennent rapidement connues, seule une dizaine de compétences feront l'objet d'une analyse réelle au cours des dix-huit mois suivant l'implantation de ces outils. Par contre, les outils d'évaluation restent quasi inutilisés, de même que les propositions de développement.

Pire, lors d'une enquête réalisée plus de deux ans après sa mise en place, le système est reconnu par les managers comme « un outil de gestion de la performance », et non comme un « outil permettant le développement ». Alors, que s'est-il passé ?

Deux explications majeures peuvent être avancées. D'une part, à aucun moment la maturité de l'entreprise par rapport à ce sujet du développement des compétences n'a été prise en compte. D'autre part, le système de gestion des compétences était techniquement très élaboré.

L'expérience montre que seule une partie minoritaire du dispositif a effectivement été acceptée – et donc utilisée – par les clients. Ces derniers ont finalement fait leur propre sélection, non pas sur la base des caractéristiques techniques, mais sur la base des avantages qu'ils trouveraient à mettre en œuvre avec ce type de démarche.

La DRH n'a pas échoué mais a juste péché par une trop grande volonté de bien faire techniquement. Le client est passé au second plan. Il va revenir au premier plan très rapidement en forçant une révision du dispositif, une simplification et un re-engineering complet des produits (outils de communication, supports de formation, formation des managers et des salariés…).

Quelles leçons tirer de cet exemple ? Simple dans l'absolu, mais compliqué à mettre en œuvre : **il faut mettre les attentes des clients au cœur du développement des produits RH, et ne pas vouloir briller techniquement.** L'expertise technique se centre sur les caractéristiques techniques du produit ou du service RH et se limite à cette seule dimension. La satisfaction du professionnel RH venait de la réalisation technique ; elle doit désormais aller vers la recherche de l'acte d'achat.

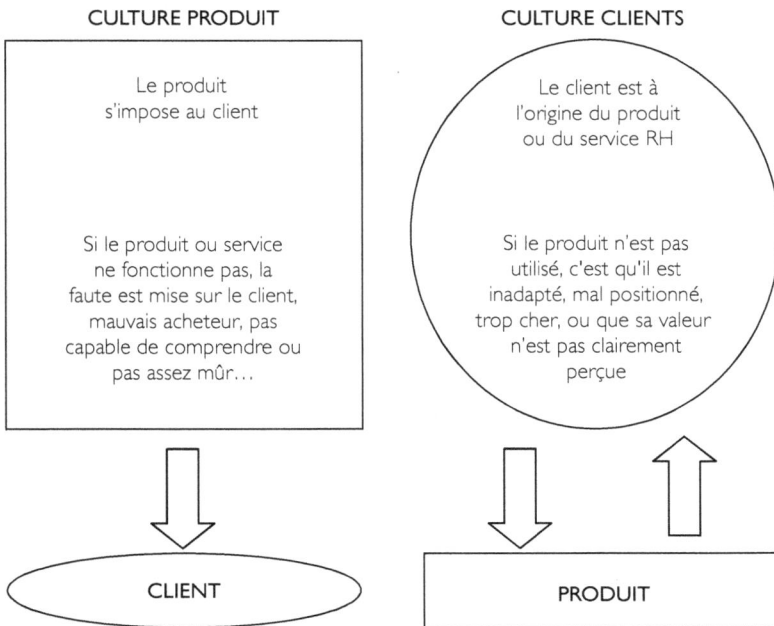

CULTURE PRODUIT

Le produit
s'impose au client

Si le produit ou service
ne fonctionne pas, la
faute est mise sur le client,
mauvais acheteur, pas
capable de comprendre ou
pas assez mûr…

CLIENT

CULTURE CLIENTS

Le client est à
l'origine du produit
ou du service RH

Si le produit n'est pas
utilisé, c'est qu'il est
inadapté, mal positionné,
trop cher, ou que sa valeur
n'est pas clairement
perçue

PRODUIT

Figure 6 : de la pensée « produit » à la pensée « clients »

L'échec d'un service est régulièrement attribué à un problème technique plus qu'à un décalage entre réalité du marché, besoin, valeur perçue et développement du produit. La culture produit est donc une culture qui « pousse » le produit sur le marché, alors que la culture client fait tirer le produit par le client, qui est à l'origine de toutes les initiatives de développement et de lancement – comme le montre la figure 6.

**Tout paraît donc très simple.**
**Il suffit de penser d'abord aux clients.**

## Vers une pensée « clients »

L'interaction entre salariés et clients constitue évidemment une réalité dans toute entreprise de services, où le salarié doit être traité comme client, et le client comme salarié[1]. Ceci ayant pour conséquence directe une satisfaction accrue pour les deux parties, qui se répercute sur la loyauté et sur la viabilité à long terme de l'entreprise. L'idée n'est pas nouvelle, elle date au moins des années 1980[2]. Et pourtant, au-delà du secteur des services, si l'appellation « client » est aujourd'hui de plus en plus utilisée dans le monde des ressources humaines, elle n'est pas encore complètement intégrée, comprise ou encore acceptée.

**L'expertise « clients » (ou « marché ») a pour objectif de partir du client et de développer une offre de service à la fois compréhensible et désirable.** Elle considère l'acte d'achat – ou d'adhésion (*buy in*) comme l'élément le plus important, au détriment de la perfection technique. La dimension « clients » intègre aussi des éléments plus qualitatifs ou intangibles – tels que les notions de désir, de valeur

---

1. Pour un approfondissement théorique, voir l'article de Michael Bowers et Charles Martin, "Trading Places Redux : Employees as Customers, Customers as Employees", qui présente une manière alternative de penser les interactions organisationnelles entre clients et salariés.
2. Voir notamment le chapitre de Léonard Berry dans l'ouvrage de référence de Christopher Lovelock sur le marketing des services.

perçue, etc. –, elle vise à rendre tangible l'intangible et à rendre appréhendable le service.

Penser clients, c'est avant tout sortir la fonction RH de ses frontières traditionnelles, exposer les professionnels RH au plus près du terrain et ne pas – plus – les protéger par des processus théoriques, beaux sur le papier, mais au mieux inefficaces ou au pire contre-efficaces.

Aussi, l'expertise « clients » propose un raisonnement inverse de l'expertise « produits » (*cf.* figure 7). Elle « expose » et rend le savoir et l'expertise annexes, en les transformant en outils d'une compréhension de l'organisation. Elle responsabilise l'ensemble des acteurs et tire sa légitimité, non plus du savoir, mais de l'action et de la finalité de celle-ci.

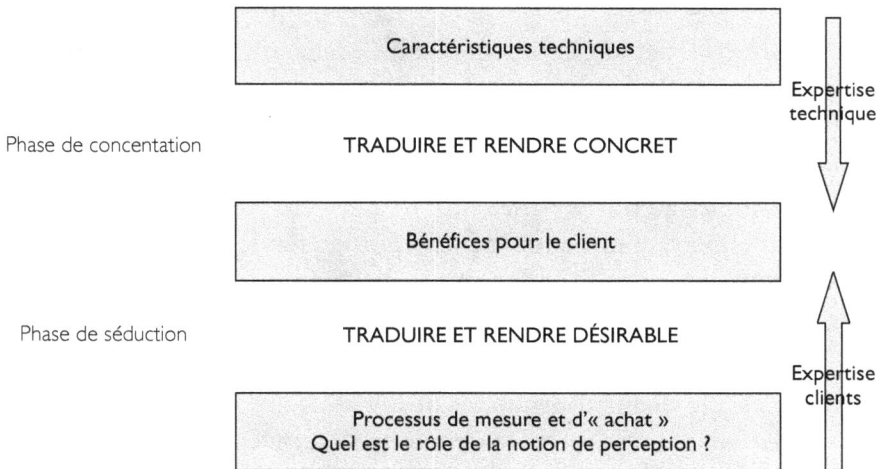

Figure 7 : d'une « expertise technique » à une « expertise clients »

**Le client constitue ainsi la base de la stratégie marketing RH.** Une cible bien identifiée permet de développer une offre adéquate. En connaissant – parfaitement bien – les motivations, les comportements et les ressources, il s'agit de développer une prestation particulièrement adaptée, c'est-à-dire en phase avec les attentes et les stades de développement de l'entreprise (start-up, phase de croissance, maturité organisationnelle, stagnation, etc.).

Passer d'une expertise « technique » à une expertise « clients » suppose aussi une plus grande humilité des RH – qui ne peuvent plus se positionner comme la fonction « qui sait », mais comme une fonction « qui vend » un produit ou un service. Il s'agit alors de fabriquer un « produit qui se vend » plutôt qu'un « produit techniquement parfait ».

La démarche client est donc complexe, car elle comporte deux dimensions essentielles (et bien souvent insaisissables) : l'espace et le temps. Sur ces deux dimensions, il est alors possible de comparer et ainsi de distinguer les démarches techniques et clients :

- l'espace : la démarche marché est matricielle, alors que la démarche technique (ou client) est encore trop linéaire ;

- le temps : la démarche client évolue dans un environnement temps plus mobile, alors que l'expertise technique s'inscrit dans une forme de pérennité illusoire.

L'orientation client a l'avantage de ne pas être uniquement fondée sur des résultats à court terme. Elle ne cherche pas uniquement à faire acheter, mais, comme toute prestation de service, à faire acheter **durablement**. En effet, il ne s'agit pas de vendre tout et n'importe quoi, ou encore à tout prix un produit RH ou un service RH si celui-ci ne correspond pas du tout aux attentes du client.

Si c'est le cas, le client tournera le dos et ira tout simplement voir ailleurs ! La loi de l'offre et de la demande s'est inversée au profit des meilleurs talents (clients internes ou externes). Par conséquent, le client qui était encore captif a davantage de choix entre des produits ou des services de plus en plus séduisants.

> **Une attitude « orientée client » se traduit,
> ainsi, par la construction et la mise en œuvre
> d'une véritable démarche commerciale,
> qui constitue la finalité même du marketing RH.**

Dans cette perspective, le rôle des ressources humaines est associé à celui d'une fonction de marketing et de vente. Ces premières réflexions sur le marketing RH insistent sur le fait de considérer le salarié comme un client en lui apportant une réponse de plus en plus individualisée[1]. Un client n'est pas – n'est plus – seulement un usager. Il n'est plus captif et naïf. Il consulte, compare et choisit. La révolution du marketing RH trouve son origine dans ce nouveau rapport de force. Une démarche commerciale RH suppose finalement de formaliser un acte d'achat/ou d'adhésion qui se veut durable, mais non perpétuel.

Nous voici toutefois à l'origine d'un premier écueil, celui qui consiste à identifier clairement *qui* est le client de la fonction RH, ou plutôt qui sont-ils, par ordre de taille (volume) ou d'importance (stratégique, d'image, ou financière).

## Vers des typologies du client, cet animal étrange...

Qu'entendons-nous véritablement par « client » ? Cette notion, *a priori* sans ambiguïté, n'est en fait pas si facile à identifier clairement lorsqu'il s'agit de la fonction ressources humaines. En effet, une des particularités de la fonction RH est qu'elle intéresse ou s'adresse à toutes les parties prenantes.

À partir du moment où une personne souhaite intégrer une entreprise, elle devra régulièrement côtoyer la fonction RH, et ceci, tout au long de sa vie professionnelle. La fonction RH a été trop longtemps réductrice, se limitant au « personnel », aux « ressources humaines ». Cependant, ces termes sont tellement génériques et globaux qu'ils effacent la notion de *clients*.

Il est donc temps de chercher à mieux définir ce client, si mystérieux, mais pourtant si important pour construire une offre de services RH, à la fois adaptée, fonctionnelle, utile et performante. Les clients de la

---

1. Dans une démarche de fidélisation, Philippe Liger insiste également sur une relation d'individualisation des rapports de l'entreprise avec ses salariés, mise en place par le marketing RH.

fonction RH peuvent se classer en fonction de trois typologies distinctes, qui appellent ainsi à considérer les clients selon diverses catégories ou segments[1] :

### Typologie I : clients internes vs clients externes

**Les clients internes sont liés à l'entreprise par un contrat de travail, ou intégrés à 100 % à l'entreprise pendant une période donnée (salariés temporaires).**

Ils peuvent être par la suite sous-divisés en plusieurs catégories, en fonction de :

- **leur statut**, c'est-à-dire de la relation contractuelle ou légale qui les lie à l'entreprise (salariés, temporaires, salariés en CDD en CDI, apprentis… mais aussi, par exemple, représentants syndicaux, etc.) ;
- **leur niveau hiérarchique**, formalisé par l'organigramme et reconnu dans les statuts de l'entreprise ou dans les dispositions légales (ouvriers, employés, cadres, dirigeants) ;
- **leur rôle d'encadrement**, qui définit dans ce cas particulier leur implication dans le management des individus ou des équipes : employés, contributeurs individuels, superviseurs, managers, dirigeants (dimension stratégique) ;
- **leur mode de relation à l'entreprise** : présence (temps plein, temps partiel), salariés détachés, sédentaires, mobiles (commerciaux) ;
- **leur participation à la performance de l'organisation** (hauts performeurs, salariés en difficulté…) ;
- **leur potentiel futur** (hauts potentiels, stagiaires, nouveaux embauchés) ;

---

1. Jacques Igalens propose une typologie complémentaire, selon l'adhésion du client au produit/service RH proposé. Il distingue aussi le client actuel, le client potentiel, le client de la concurrence et le non-client absolu.

- **leur appartenance géographique** (expatriés, salariés en mission, travaillant au siège ou dans des filiales…) ;
- **la nature de leur contrat de travail** (expatriés…)
- **leurs particularités** (salarié à handicap…).

Mais il ne faut pas non plus trop se centrer sur les clients internes et, par là même, oublier les clients externes de la fonction RH. La fonction RH est une fonction d'entreprise, et donc intégrée au système d'organisation de la société.

**Elle va donc définir les clients externes comme toute personne non liée à l'entreprise par un contrat de travail.**

Il peut s'agir aussi bien de futurs salariés (étudiants, candidats…) que d'instances extérieures jouant un rôle dans le développement de l'organisation et dans la stratégie RH (organismes publics, entreprises concurrentes, prestataires de services…).

Pendant longtemps, les principaux clients externes ont été les candidats potentiels, qu'ils soient débutants (étudiants) ou confirmés. Même s'ils constituent toujours la base majoritaire des clients externes, le nombre et le profil des clients externes ont également évolué. Par conséquent, outre les potentiels futurs salariés, les clients externes de la fonction RH peuvent être les suivants :

- des institutions (organismes administratifs, Anpe, écoles ou universités),
- des organismes sociaux,
- des acteurs de la vie économique locale,
- des actionnaires.

Le rôle sociétal de l'entreprise devenant de plus en plus important, sa relation avec le monde externe doit aussi se traduire par le développement d'une offre de service RH à destination des clients externes, et non plus limitée à la seule cible des futurs salariés.

L'action marketing externe de l'entreprise se comprend aussi dans le cadre d'une stratégie globale de *branding* (travail sur l'image de marque), outil de plus en plus important pour intégrer et rester dans une entreprise (voir chapitre 6).

La notion de « personnel », longtemps considérée comme le socle de la fonction RH, explose sous la complexité des différents clients existants dans l'entreprise. Mais la simple liste évoquée ci-dessus montre en quoi une démarche unique – voire simpliste – peut être dommageable. En effet, au-delà de la liste descriptive, les clients peuvent aussi avoir des rôles différents, c'est-à-dire un positionnement particulier dans le cadre de « l'achat » d'une prestation RH.

### Typologie II : les rôles des clients dans le système décisionnel de l'organisation

**Une analyse plus fine des clients est à réaliser en fonction du rôle que ces derniers jouent dans l'organisation**, non pas le rôle statutaire, mais le rôle réel – lié directement à leur pouvoir. On distingue ainsi :

- **Les décideurs** : ils sont détenteurs du choix final. Dans le cadre d'une politique RH, le décideur peut être le PDG ou le DRH, mais aussi – et en fonction du *process* RH concerné – le manager (par exemple, en matière de recrutement).

- **Les prescripteurs** : ils jouent un rôle clé dans le système de distribution des services RH. Ils sont l'interface entre l'utilisateur final et le développeur du produit (la DRH). Ce sont, par exemple, les managers.

- **Les utilisateurs** : comme leur nom l'indique, ils sont en fin de chaîne, ceux qui vont bénéficier du service RH, par exemple – les candidats (externes), les salariés (internes), etc.

- **Les payeurs** : ils détiennent le budget – et/ou le contrôle. Le payeur d'une prestation RH peut être l'entreprise (en cas de budget centralisé), le département/le manager (en cas de budget du service ou encore de budget opérationnel), mais aussi le salarié (en cas de coparticipation à certains investissements).

Cette analyse typologique est cruciale, car elle permet de comprendre les enjeux de pouvoirs qui s'exercent autour de la fonction RH, la pression financière va s'exercer, en cas de coupure budgétaire. Elle donne aussi une idée de la culture RH d'une organisation, qui alterne souvent entre centralisation et décentralisation[1]. Cette typologie est donc importante à prendre en compte dans le cadre de la réflexion sur des dimensions inhérentes au marketing RH, telles que le système de distribution des prestations RH, mais aussi sur la politique de prix (voir chapitre 4 et 5).

La notion de « clients internes » est par ailleurs en pleine évolution avec la possibilité donnée à chaque salarié de devenir actionnaire de l'entreprise, *via* des plans d'actions salariés ou le développement des programmes de *stock-options* ou de *stock grants* (actions garanties). Le client interne – utilisateur – devient alors aussi un décideur, plus ou moins stratégique, informé des choix financiers de l'entreprise, et associé directement et individuellement à la performance financière de celle-ci.

Là encore, la notion de client devient plus complexe. Et l'identification de ces différents clients prend de plus en plus une allure « *d'une nouvelle gouvernance des parties prenantes*[2] ».

### Typologie III : clients individuels vs clients « organisationnels »

Pourquoi cette différence est-elle importante ? **Elle fait évoluer la nature du marketing RH et lui permet de faire soit du *B to C* (*Business to Customers*), soit du *B to B* (*Business to Business*).** Chacune de ces démarches se caractérise par des modes de relation, d'interaction, de développement de prix, de positionnement et de communication

---

1. La problématique de centralisation/décentralisation est souvent retenue dans le champ de la GRH : on retiendra pour exemple la gestion des carrières, les TIC, ou encore la fonction RH dans ce *benchmarking* des pratiques RH rassemblées par Frank Bournois, Sébastien Point, Jacques Rojot et Jean-Louis Scaringella.
2. Dans un principe de nouvelle gouvernance (tel que le présentent Jacques Igalens et Sébastien Point), le client est bien souvent placé au centre du dialogue avec l'ensemble des parties prenantes de l'entreprise.

bien différentes. Le *B to C* se caractérise par un accès quasi direct (*via* la distribution ou *via* la communication) au client final (dans notre cas RH, le salarié, le candidat), alors que le *B to B* met en avant des relations entre organisations, qui elles-mêmes peuvent mettre en œuvre leur propre marketing B to C.

### B to B et organisation syndicale

Prenons l'exemple d'un syndicat, qui par nature est une organisation structurée, elle-même en charge de son propre marketing, voire elle-même distributrice de services RH. Le B to B s'applique à cette relation, car l'organisation syndicale est elle-même soumise à des objectifs, une stratégie et des clients. La nature du service (sophistication), la politique de prix et de valeur (négociation, accords d'entreprise), le mode de distribution et d'accès (relations directes, interventions tierces) ou le mode de relation et de communication (lobbying, influence directe, gestion de conflits) – et donc, plus largement, la stratégie marketing – seront donc différents de ceux qui seront appliqués à une relation directe avec des salariés.

Le marketing RH permet de souligner que la fonction RH est une fonction de prestation de service qui doit vendre, ou plutôt faire acheter, et faire adhérer. Ainsi, son succès ne passe pas par le développement de solutions, mais par leur mise en œuvre. Nous venons donc de le voir, la liste des clients potentiels est longue… et le défi supplémentaire est de connaître leurs attentes.

## Connaître les attentes de ses clients

Connaître les clients – et leurs attentes – permet de construire une offre qui s'articule autour des questions suivantes (inspirées du schéma de Lasswell[1]) :

---

1. Le schéma de Lasswell décrit le processus de la communication à partir de questions clés (comme : qui ? dit quoi ? par quels canaux ? à qui ? avec quel effet ?) et qui permet de cerner un problème, généralement dans l'analyse des aspects d'une communication.

- **À qui ?** À qui cherchons-nous à vendre ? Quelle cible, quel segment ? Pour quel résultat ?

- **Quoi ?** De quoi ma cible a-t-elle besoin, envie ? Pourquoi et pour quoi ? Quels sont les objectifs et quel est le processus de développement de cette offre de produits ou de services ?

- **Comment ?** De quelle façon allons-nous atteindre la cible identifiée ? Quelles sont les composantes de mon service qui vont intéresser, attirer, discriminer le choix, ou faciliter l'acte d'adhésion ?

- **Où ?** Où mettre à disposition de mes clients le service choisi ? Quel système de distribution, d'accès au produit ou d'information est le plus efficace ?

- **Quand ?** À quel moment le client ciblé sera plus réceptif, quelle est la séquence logique de lancement à respecter, comment éviter la surcharge ou le télescopage des initiatives, comment assurer la cohérence globale ?

L'intersection des quatre premières dimensions nous amène à nous poser des questions sur :

- les produits RH ou les services RH,

- la notion de valeur (prix, bénéfices),

- la mise en place d'un système de distribution structuré et adapté,

- le cycle de développement du ou des produit(s).

C'est ce que reprend la figure 8 – sous forme de radar – en positionnant différentes dimensions du marketing mix (distribution, marque, valeur, développement, produit) sur certains axes auxquels ils sont associés. Plus le service se rapproche du cercle central et plus il intègre l'ensemble des dimensions (quoi, qui, comment et où), pour faire l'objet d'une démarche globale. Plus il s'en éloigne et plus il reste dans une approche simple, souvent dictée par des critères techniques plus que stratégiques.

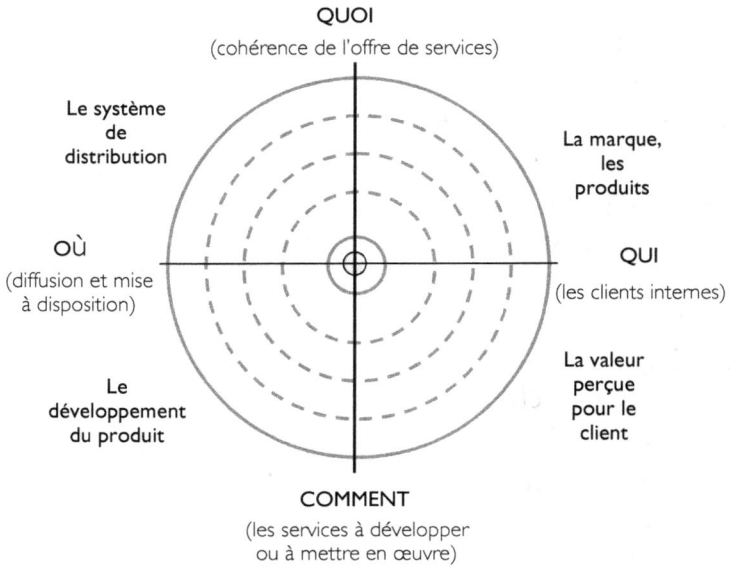

Figure 8 : le radar marketing RH

Cependant, il ne s'agit pas ici d'établir un véritable tableau de bord – nous ne faisons pas référence à la méthode du même nom, la méthode Radar. Il s'agit juste de montrer quelles sont les véritables questions que la DRH doit se poser vis-à-vis de son propre marché.

## Le e-learning, offre de services RH miracle ?

À la fin des années 1990, beaucoup d'entreprises étaient victimes de la mode du e-learning, outil miracle visant à remplacer le « présentiel » et à rentrer dans une ère nouvelle où l'apprentissage s'intégrerait dans le quotidien de chaque salarié.

Une filiale d'une grande entreprise de la santé se lança donc dans l'achat de plusieurs centaines de licences d'e-learning destinées à la formation on-line des utilisateurs d'ordinateurs personnels. Après plusieurs mois de mise en place – avec une très forte campagne de communication à l'appui –, trois licences seulement (sur plus de sept cents) avaient été utilisées…

Beaucoup de communication, mais peu de marketing. Pas d'analyse du marché, de la maturité des clients, peu de segmentation, pas de ciblage, et une analyse de la valeur perçue par le client uniquement centrée sur les attentes de l'entreprise (économie d'échelle, limitation des stages) et pas des utilisateurs finaux. Pour reprendre notre schématisation du radar, le e-learning était donc resté à la seule périphérie de celui-ci. Pour le faire passer au centre, il aurait fallu adopter une démarche globale et intégrer l'ensemble des paramètres pour finalement décider d'une stratégie de lancement toute différente.

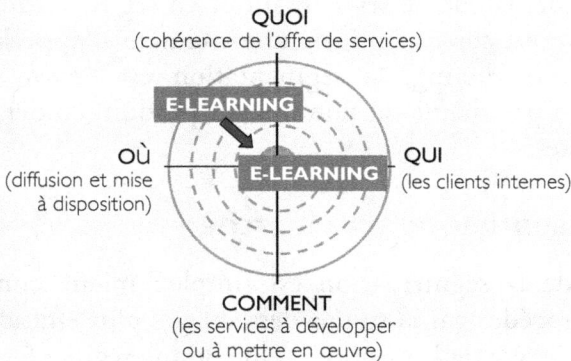

Être orienté client suppose ainsi de segmenter son marché pour cibler ses clients : il ne s'agit de rien d'autre que de « customiser » son offre RH, à l'instar de ces cafétérias plan qui ont vu le jour depuis quelques années dans les packages de rémunération[1]. Et la flexibilité de ces plans permet d'ajuster l'offre RH aux besoins des différents segments de salariés[2].

Pour construire cette démarche individualisée, le marketing RH intègre des outils marketing indispensables, permettant de rendre son action de proximité et de conviction la plus efficace possible, *via*

---

1. Voir notamment l'article de Jean-Marie Peretti, Jean-Luc Cerdin et Rodolphe Colle (2005) sur la fidélisation des salariés par l'entreprise à la carte.
2. Voir Bowers M., Martin C. (2007) *op. cit.*

une analyse de marché structurée, une segmentation de la clientèle efficace et un ciblage en phase avec la stratégie RH.

## Segmenter et cibler pour mieux vendre sa prestation RH

Pour espérer vendre et se vendre, la fonction RH doit d'abord identifier quels sont ses acheteurs, c'est-à-dire quel est le marché à conquérir ou à conserver. En marketing, la définition des marchés se fait par une démarche de segmentation. **La segmentation n'est pas une stratégie en soi, mais bien une manière d'appréhender son marché.** En marketing, la segmentation est, *stricto sensu*, une segmentation par clients[1] et non pas par produit, en dépit de pratiques courantes.

### Pourquoi segmenter son marché ?

La finalité de la segmentation est simple : mieux connaître son marché et procéder par la suite à des ciblages plus efficaces en fonction de la stratégie de l'entreprise. Une bonne segmentation permet d'optimiser l'utilisation des services RH et de mesurer de manière plus fine leur taux d'usage et d'acceptation.

Un segment de marché est « *constitué d'un groupe d'individus qui répondent de manière identique à une offre* ». Tout comme le département marketing regroupe ses clients selon certains critères, la DRH peut segmenter les salariés de la même manière. Il s'agit alors d'identifier les segments de marché composés d'individus aux mêmes attentes afin de leur proposer des solutions répondant le mieux possible à ces attentes. *In fine*, il s'agit de dégager des segments de clients homogènes pour appliquer un plan de marketing RH particulièrement adapté aux attentes de ces clients.

---

1. Selon Malcom McDonald et Ian Dunbar, la segmentation est un processus visant à partitionner ses clients (ou clients potentiels) d'un marché en différents groupes ou segments.

La démarche de segmentation dépend prioritairement de deux conditions (comme illustré dans la figure 9) : *primo*, la flexibilité de l'offre RH de l'entreprise, pour que celle-ci puisse au mieux adapter son offre et répondre aux attentes ; *secundo*, la diversité des attentes et des motivations des clients. Les salariés ont différentes attentes au cours de leur vie et la segmentation est un processus qui permet de répondre à ces attentes.

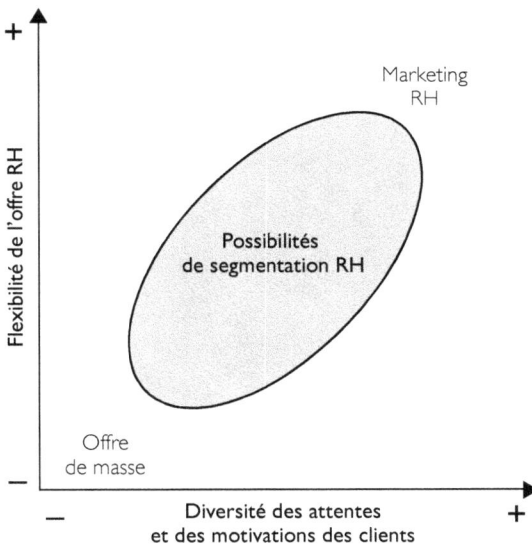

Figure 9 : les possibilités de segmentation RH[1]

**La segmentation RH est un passage obligatoire
pour l'entreprise puisqu'elle lui permet – à terme –
de différencier son offre dans un univers très concurrentiel
de « guerre des talents » et de besoin de rétention.**

---

1. Librement adapté de Malcom McDonald et Ian Dunbar, *op. cit.*

De nombreuses entreprises procèdent d'ores et déjà à la segmentation RH. Des grandes entreprises possédant une base de clients très diversifiés comme Tesco, Marks & Spencer, Vodafone ou Royal Bank of Scotland appliquent désormais les principes du CRM (*Customer Relationship Management*) sur leurs propres salariés. L'objectif est ainsi de savoir quelle sorte de main-d'œuvre optimale (en termes de compétences, de capacités ou de diversité) convient au mieux aux attentes des consommateurs. Si ces entreprises segmentent leur personnel en groupes ou familles en fonction du profil du consommateur[1], d'autres, comme Procter & Gamble, procèdent à une véritable segmentation RH en matière de recrutement, en façonnant leurs messages construits en fonction du type de talents recherchés.

### La segmentation chez la Royal Bank of Scotland[2]

La fonction RH de la Royal Bank of Scotland a segmenté ses salariés selon de nombreuses variables fondées, en premier lieu, sur des critères sociodémographiques (géographie, âge, sexe, ethnie, handicap, ancienneté, travaillant à plein-temps ou non, etc.) unique ou multiple (recherchant un salarié jeune avec expérience).

En plus de ces premiers critères de segmentation, l'entreprise conduit tous les ans une grande enquête d'opinion auprès des 150 000 salariés du groupe dans 30 pays différents. Cela permet à la DRH de bénéficier d'un feedback des programmes mis en place pour retenir les talents. Les résultats de cette enquête peuvent être croisés avec les critères de segmentations de base pour étudier la perception des outils mis en place par les différents segments.

Ce double processus de segmentation apporte à l'entreprise les bénéfices suivants :

• mieux cerner les évolutions des attentes des salariés au cours de leur vie professionnelle ;

• communiquer différemment ;

---

1. Un article paru le 20 février 2003 dans la revue britannique *People Management* propose des exemples précis de segmentation pratiquée sur les profils des consommateurs.
2. D'après Victoria Mellor (2006) *Mastering Audience Segmentation : How to Apply Segmentation Techniques to Improve Internal Communication*, Melcrum Publishing.

- s'assurer que les politiques et pratiques RH sont suffisamment flexibles ;
- mieux connaître les raisons des départs de l'entreprise ;
- affiner les stratégies d'engagement et de rétention des talents.

Mais la segmentation peut aussi prendre des critères plus surprenants. Citons l'exemple de cette entreprise de haute technologie américaine qui segmente sa population d'ingénieurs selon des critères de personnalité et d'intérêts : il est ainsi distingué l'ingénieur préférant travailler sur un projet ou plusieurs à la fois, l'ingénieur qui préfère travailler sur des laps de temps très courts ou encore l'ingénieur privilégiant des missions plus longues, etc.

Au cours des années, la fonction ressources humaines a évolué pour passer d'une vision non segmentée des salariés (le personnel) à une approche segmentée selon des critères dictés le plus souvent par l'environnement extérieur. Le clivage cadre/non-cadre est le plus évident et défini comme étant le plus ancien (notamment par Jacques Igalens), tout comme la séparation entre globalisation et individualisation (développée par Pierre Louart). Il est effectivement intéressant d'insister sur le fait que les exemples donnés jusqu'à présent sont fondés sur une segmentation non maîtrisée par la fonction RH, mais imposée par son environnement, en l'occurrence la loi, le statut (cadre/non-cadre), l'économie (global, local) ou le temps (court terme, long terme).

Pendant des décennies, la division entre cadres et non-cadres a constitué la principale source de différenciation des politiques RH en France. Cette segmentation est devenue un clivage et un fait de plus en plus éloigné de la réalité des organisations modernes. Même si ces statuts perdurent, ils ne peuvent plus constituer une segmentation efficace, source de différenciation en termes de produits ou de services RH[1]. D'autres critères doivent s'y rajouter pour augmenter la pertinence de l'analyse. C'est tout le rôle de la segmentation RH.

---

1. Pierre Louart prend l'exemple de la segmentation de base cadre/non-cadre. À cette segmentation peut se mêler des aspects statutaires, géographiques, professionnels, etc.

## Comment segmenter son marché ?

Les données concernant les salariés sont très riches et très diversifiées, ce qui complexifie la démarche de segmentation. Cependant, les critères que nous pourrions qualifier de classiques (et fondés d'ailleurs sur des critères sociodémographiques) n'ont plus cours : qui peut encore exercer une politique sociale différenciée uniquement selon l'âge, le sexe, le statut, la nationalité, etc.) ? La montée en puissance des politiques non discriminatoires et de gestion de la diversité limite de tels découpages de la population des salariés.

Il est évident que la DRH privilégie – plus ou moins volontairement – des segments liés à la multiplicité des sites de travail, la nature des fonctions, le statut ou encore les filières professionnelles[1]. Jacques Igalens souligne que les critères de base de segmentation sont essentiellement liés aux attentes et aux préférences des individus par rapport aux différentes dimensions de la politique sociale (organisation du travail, modes de reconnaissance comme la rémunération, etc.).

Les méthodes traditionnelles de segmentation en ressources humaines concernent des critères géographiques, d'expérience, de temps de travail, de position hiérarchique et, plus rarement, par génération (boomers, genX ou genY)[2], par type d'emploi, ou encore par attitude et/ou motivation[3]. Citons également la segmentation par genre, dont la pertinence en marketing n'est plus à prouver, et constitue même une véritable opportunité de croissance pour les

---

1. Le lecteur souhaitant en savoir plus sur des méthodes de segmentation traditionnelles pourra se référer aux travaux de Victoria Mellor détaillant des précis à partir, par exemple, de la localisation géographique, ou encore des motivations des salariés.
2. Beverly Kaye et Sharon Jordan-Evans utilisent, par exemple, ces segments devenus classiques pour la problématique de la rétention des talents dans l'entreprise.
3. Dans une dynamique de changement, William Bridges identifie dans son ouvrage *Managing Transitions* trois catégories de segments suivant l'attitude du salarié face au changement : les salariés qui refusent le changement et attendent de meilleurs jours ; les salariés optimistes qui acceptent bien volontiers le changement ; les salariés neutres qui acceptent le changement par dépit car celui-ci est inévitable, tout en n'étant pas convaincus des bénéfices de ce changement.

entreprises[1]. Dans le domaine de ressources humaines, proposer des services RH segmentés par le genre permet d'offrir des possibilités pour concilier, par exemple, vie privée et vie professionnelle.

Si ces critères de segmentation sont régulièrement et largement utilisés par les professionnels RH, ils nécessitent d'être implantés avec précaution afin d'être utilisables et efficaces. Cependant, nous sommes convaincus qu'il faut remplacer ces critères par d'autres (à l'instar de Tesco), comme ceux dont nous nous sommes inspirés pour lister, en début de ce chapitre, les différents types de clients.

### Tesco segmente ses salariés selon leur style de vie[2]

Tesco est la deuxième plus grande entreprise de distribution. L'origine de cette démarche de segmentation des salariés tient au PDG lui-même, désireux d'en savoir sur ses salariés tout autant qu'il peut en savoir sur ses consommateurs. Des études successives auprès des salariés ont permis de révéler une segmentation fondée sur leur style de vie :

- **Les soucieux d'un équilibre vie privée/vie professionnelle** : principalement des femmes plus âgées ou avec enfants à charge, souhaitant bénéficier d'horaires flexibles et/ou de temps partiels.

- **Les exigeants** : des salariés âgés de 25 à 34 ans, mobiles, travaillant au siège de l'entreprise, prêts à quitter l'entreprise s'ils ne bénéficient pas d'une carrière et de hauts salaires en échange d'incarner les valeurs de l'entreprise et de travailler pour le succès de celle-ci.

- **Les chercheurs de plaisirs** : principalement des étudiants, de sexe masculin, célibataires et présents depuis quelques années dans l'entreprise, travaillant de nombreuses heures, mais recherchant les voyages à l'étranger, et surtout les loisirs, très mobiles et prêts à travailler si les concurrents payent mieux.

---

1. Dans le champ du marketing, Élisabeth Tissier-Desbordes (dans le dernier ouvrage ESCP-Bain & Compagny) propose de nombreux exemples d'entreprises qui ont pu relancer leur croissance grâce à une segmentation par genre : dans l'industrie du rasoir, les aliments diététiques, les bijoux, etc.
2. D'après Greame Martin et Susan Hetrick (2006) *Corporate Reputations, Branding And People Management : A Strategic Approach to HR*, Butterworth-Heinemann, Oxford.

- Les « **vivre pour travailler** » : typiquement de jeunes hommes mariés, ou des managers ayant dix ans d'ancienneté, travaillant au siège de l'entreprise, très ambitieux, très engagés, travaillant beaucoup et recherchant défis et promotions. Pour eux, le travail n'est pas un espace social ; ils sont prêts à sacrifier leur vie personnelle pour l'entreprise.

- Les « **travailler pour vivre** » : des femmes âgées de plus de 35 ans, avec ou sans enfants à charge, ayant dix années au moins de service dans l'entreprise, non intéressées par les défis ou les longues heures de travail, prêtes à faire des tâches plutôt répétitives. Leur principal désir est de travailler au plus près de leur foyer.

Cette segmentation a permis à Tesco de mettre en place des propositions personnalisées en fonction des segments d'appartenance. En conséquence, Tesco bénéficie de l'un des turnovers les plus bas du secteur de la grande distribution.

**La segmentation est donc un facteur d'efficacité de la fonction RH, qui permet de faire face à la nouvelle donne RH** (telle que la mobilité accrue des salariés, les changements de plus en plus fréquents dans les structures des entreprises – fusions, acquisitions, cessions d'activité, *process* de *reenginering*...) en facilitant une meilleure analyse des ressources de l'entreprise, et donc en accroissant les capacités d'anticipation, mais aussi en optimisant les politiques RH en concentrant l'énergie sur des segments et des cibles précises[1].

### Segmentation *a priori* ou segmentation *a posteriori*[2]

La segmentation sociale dite *a priori* présente un mode de répartition du segment sans tenir compte de ses spécificités intrinsèques. Aussi, dans le cadre d'une segmentation *a priori*, le statut professionnel (cadre, employé,

---

1. Dans leur ouvrage sur le *workforce scorecard*, Brian Becker, Mark Huselid et Richard Beatty (*op. cit.*) partent des *best practices* (pratiques génériques) pour aboutir à une différenciation des talents clés. Cette segmentation RH sert de base à la sélection, au développement et à la rémunération des salariés.
2. D'après Pascal Paillé (2004) *La fidélisation des ressources humaines*, Economica, Paris, p. 142-144.

ouvrier, etc.) ou le type de contrat de travail (CDD, CDI, contrat tempo-raire) constituent autant de critères de répartition possibles. Cette identifi-cation aisée du salarié explicite la simplicité et la rapidité de ce mode de segmentation.

La segmentation sociale a posteriori amène une répartition des effectifs de l'entreprise selon une prise en compte de variables psychologiques, et par conséquent des conduites professionnelles. Les attitudes telles que l'engage-ment organisationnel ou la satisfaction au travail permet de tenir compte de la manière dont les salariés construisent leurs rapports avec l'entreprise. Le recours à des questionnaires explique le degré de complexité plus élevé de ce mode de segmentation.

## Différentes méthodes de segmentation

Prenons ici trois exemples de méthodes de segmentation qui peuvent être utilisées simultanément selon les besoins dans l'entreprise.

### *Segmenter en fonction de la performance et du potentiel*

Il s'agit de cibler les salariés en fonction de leur performance actuelle et de leur potentiel, en mobilisant une matrice de type performance/potentiel. Cette dernière permet d'identifier généralement quatre groupes (« réserve », « freins », « étoiles » et « piliers ») suivant la performance et le potentiel de chacun de ces groupes. Il est alors admis de fidéliser les piliers (caractérisés par une forte performance, mais un potentiel plus faible) et surtout les étoiles (montrant à la fois une forte performance et un fort potentiel). Ceci permet d'identifier les cibles et d'identifier des situations de transitions. Dans une telle configuration, nous préférons un modèle affiné de la matrice pour porter la distinction à neuf groupes, toujours selon les mêmes dimensions (*cf.* figure 10), permettant d'affiner la segmentation de la population des salariés. La description ci-après part du potentiel, mais une démarche identique fondée sur la performance serait tout aussi légitime, en fonction des objectifs visés.

Forte

| Retenir l'expertise | Confirmer le potentiel | Préparer le futur |
|---|---|---|
| Plan de rétention, mentoring, accompagnement des nouveaux, transfert de responsabilité | Évaluation du potentiel | Promotion, coaching, formation de développement à des responsabilités futures, nouvelles responsabilités |
| Renforcer l'expertise | Développer dans le poste | Suivre |
| Plan de développement centré sur les compétences techniques | Plan classique alternant développement technique et compétences comportementales | Évaluation, nouvelles responsabilités, entretien avec la DRH |
| Revenir à la performance | Améliorer | Intégrer l'entreprise |
| Plan à court terme (3 mois) et centré sur la performance dans le poste. Objectifs clairs et enjeux formalisés | Donner un feedback, proposer un plan à 3 mois | Plan d'intégration, accompagnement dans la prise de poste |

*Performance* (axe vertical)

*Potentiel pour le futur* (axe horizontal)

Haut

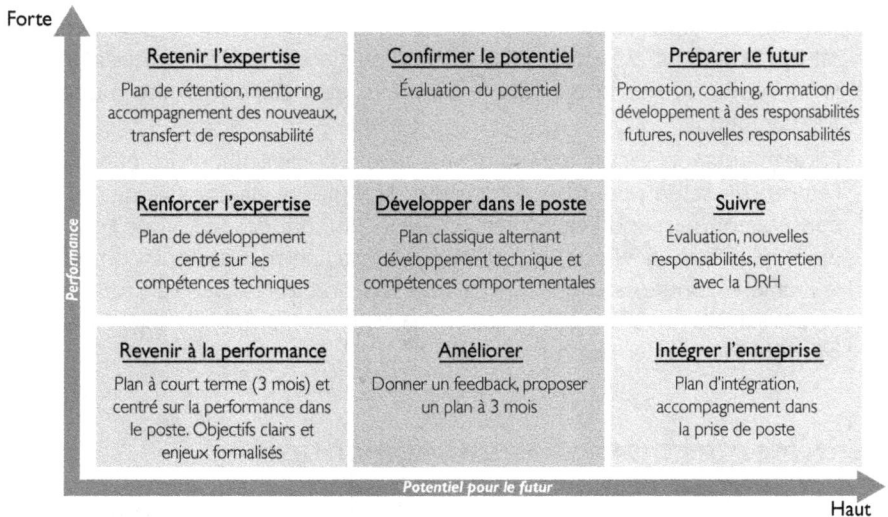

Figure 10 : segmenter en fonction de la performance et du potentiel[1]

Les trois catégories à plus haut potentiel (les plus à droite sur notre schéma) rassemblent les nouveaux, les hauts potentiels et la catégorie intermédiaire (performance acceptable mais haut potentiel). Cette dernière catégorie concerne souvent les personnes qui ont évolué de la case haut potentiel vers ce statut par manque d'engagement de l'entreprise. Une attention particulière doit être portée à ces cas afin de permettre d'identifier les raisons de ce positionnement.

La catégorie intermédiaire (au centre de notre schéma) est la plus fréquente. Les deux autres sont des catégories de « passage » qui doivent permettre d'analyser une situation et de confirmer des options encore incertaines.

Dans les trois catégories au plus faible potentiel (à la gauche de notre schéma), les deux segments qui pourraient nécessiter une attention particulière sont les personnes ayant une faible performance et un potentiel développement limité. Cette catégorie nécessite avant tout

---

1. D'après Warren E., Ference T., Stener J. (1975), "The case of the plateauned performer", *Harvard Business Review*, vol. 53, n°1, p. 30-38.

de donner un *feedback* formalisé et documenté à la personne, puis de proposer un plan de retour à la performance centré sur les activités de la fonction. L'autre extrême concerne les experts ayant atteint leur niveau maximum de développement. Leur potentiel est donc limité, mais ils jouent un rôle stratégique en apportant des connaissances rares. Il s'agit alors de faire évoluer leurs responsabilités non pas de manière hiérarchique, mais – par exemple – d'utiliser leur savoir pour former des nouveaux entrants dans l'entreprise. Enfin, il faut aussi parer au risque de départ en préparant des successeurs.

### Segmenter les individus selon leur engagement

Un autre modèle de segmentation vise à distinguer deux axes permettant de segmenter les individus selon leur engagement envers l'entreprise. Les salariés engagés ne sont pas seulement impliqués, mais saisissent la manière dont ils peuvent contribuer à l'entreprise. Selon l'étude menée par le cabinet Watson Wyatt en 2007, l'engagement des salariés combine implication et « champ de vision » (c'est-à-dire la vision précise qu'a le salarié de sa création de valeur pour l'entreprise) (*cf.* figure 11).

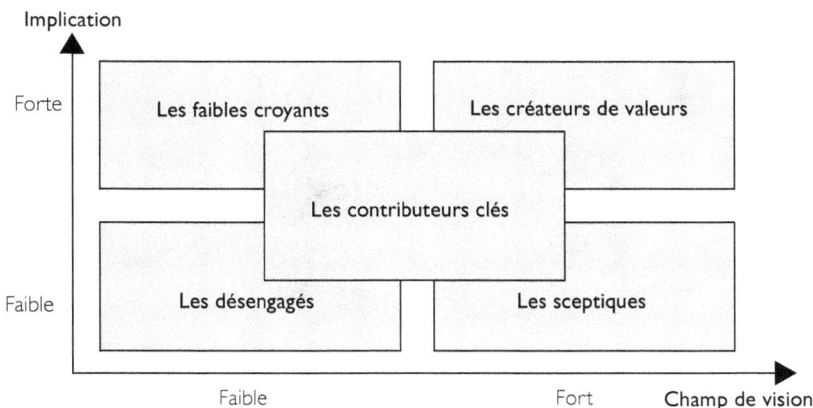

Figure 11 : une segmentation sur l'engagement des salariés[1]

---

1. D'après Watson Wyatt (2007) *Bridging the Employee Engagement Gap*, rapport.

Il en résulte une segmentation des salariés en cinq segments distincts :

- les créateurs de valeurs (score élevé sur les deux dimensions) ;
- les contributeurs clés (score moyen sur les deux dimensions) ;
- les sceptiques (score élevé sur le « champ de vision » mais faible implication) ;
- les faibles croyants (forte implication, mais faible « champ de vision ») ;
- les désengagés (faible score sur les deux dimensions).

Segmenter les salariés de cette manière est important si l'on considère les différences entre segments dans les programmes RH créés pour retenir les meilleurs talents.

### Segmenter selon la visibilité et le volume de la population

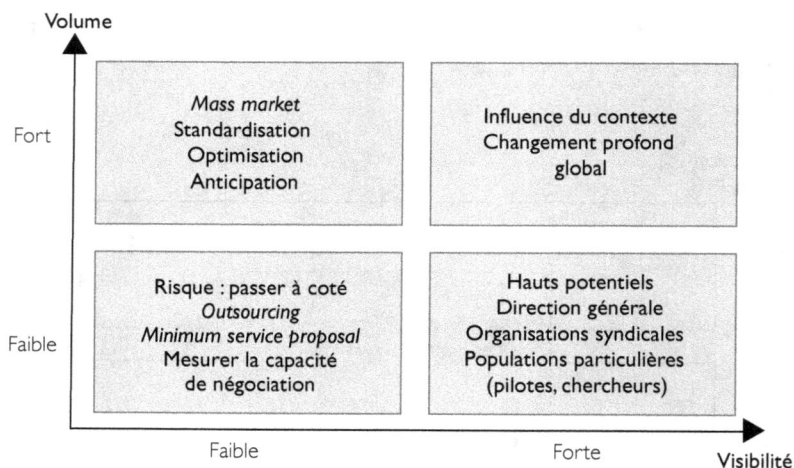

Figure 12 : matrice de segmentation selon le volume
et la visibilité de la population[1]

---

1. Librement adapté d'Igor Ansoff (1957), "Strategies for Diversification", *Harvard Business Review*, vol. 35, n° 2.

Ces deux premières approches peuvent se compléter par une matrice qui va définir la segmentation marketing RH en fonction de deux critères liés à la visibilité de la population (pour une population stratégique, par exemple, les pilotes dans une compagnie aérienne ou les conducteurs de train à la SNCF) et son volume (pourcentage des salariés) (*cf.* figure 12).

Les clients potentiels ne sont pas ici identifiés selon un groupe d'appartenance, ou encore des critères qui se rapprocheraient de socio-styles, mais selon le croisement du volume et de la visibilité – un des critères correspondant le plus au pouvoir dans l'entreprise.

La visibilité identifie les cibles qui seront les plus influentes, soit de par leur positionnement hiérarchique, soit de par leur rôle dans certains processus de décision (par exemple, les organisations syndicales), soit de par leur aspect tactique (talents issus de la concurrence) ou stratégique (emploi des seniors).

Le volume est un critère plus simple, qui caractérise la cible par le nombre de personnes identifiées dans chaque segment. Comme le souligne la figure 12, quatre segments sont ici possibles :

- **Le premier segment peut être celui des « laissés pour compte »**, population faible par son volume et par sa visibilité (en bas à gauche). Cette cible ne fera pas partie des priorités du marketing RH. Elle ne doit cependant pas rester isolée, mais bénéficiera le plus souvent de services standards. Un des grands challenges de cette cible – ou « non-cible » – sera de se rendre plus visible, afin d'accéder à un deuxième segment, celui des populations peu importantes par leur volume, mais très visibles.

- **Dans ce deuxième segment (en bas à droite), les exemples sont nombreux : hauts potentiels, mais aussi pilotes dans les entreprises du transport aérien, conducteurs de train, etc.** La population peut être catégorielle, ou plus largement identifiée par critères factuels tels que – par exemple – l'âge ou la séniorité. La visibilité dépendra du choix de l'entreprise (mettre en avant cette cible) ou de la pression de son environnement. Cependant, ce segment a tendance à rester « autocentré » et à disposer de services/produits HR particuliers, mais limités à leurs spécificités.

- **Le troisième segment (en haut à gauche) est constitué par une population importante par la taille, mais peu visible en termes d'exposition stratégique ou de capacité d'influence et de négociation.** Cette population ne tire son importance que par le volume représenté. En langage marketing, elle représente un marché de masse, favorisant la mise en place de services standards, à faible coût et à la maintenance facile.

- **Le dernier segment (en haut à droite) est constitué par une population doublement importante, par la taille et par le pouvoir dont elle dispose.** C'est une population structurante, dont les attentes – voire les exigences – peuvent influencer des changements profonds dans l'entreprise. Ces changements iront parfois jusqu'à impacter l'ensemble de l'organisation – au-delà même de ce segment.

---

### Les règles de segmentation à respecter[1]

Une procédure de segmentation sociale doit satisfaire plusieurs exigences :

- l'homogénéité : il faut respecter une homogénéité au sein du même segment en veillant au degré de proximité de l'ensemble des salariés qui le composent ;

- la mesurabilité : le segment doit être défini par des critères objectifs et quantifiables ;

- la stabilité du segment qui doit assurer la pérennité des actions ;

- l'accessibilité : il faut offrir une prestation RH cohérente au regard du segment identifié et considéré.

---

1. D'après Jacques Igalens (1997) « Segmentation sociale et gestion des ressources humaines », in *Encyclopédie de gestion*, tome 3, Economica, Paris ; Philip Kotler (1991) *Marketing Management : Analysis, Planning and Control*, Prentice-Hall, Englewood Cliffs, 7ᵉ édition.

## Segmenter c'est bien, cibler c'est encore mieux...

À partir de la segmentation réalisée, cette action visant à fixer des priorités d'action sur des segments identifiés s'appelle le ciblage. Une cible en marketing est un ensemble d'acheteurs et d'acteurs potentiels que l'on cherche à conquérir et/ou à fidéliser par des actions marketing. Pour Philip Kotler, l'entreprise doit déterminer les segments qu'elle décide d'attaquer : cela fait l'objet d'une politique de ciblage. La clientèle cible correspond à une catégorie de consommateurs à laquelle un produit est destiné.

**Dans le cas du marketing RH, les cibles sont constituées d'un ensemble de salariés ou d'acteurs potentiels que l'entreprise cherche à attirer, conquérir, retenir ou fidéliser en offrant des services ou des prestations RH adaptés.**

**Après la segmentation, le ciblage :
l'exemple d'une entreprise de matériel médical**

Une entreprise de matériel médical en forte croissance augmente son effectif de plus de 20 % par an. À l'origine, la taille même de l'entreprise rendait la segmentation inutile. Mais l'arrivée en masse de nouveaux embauchés a rendu indispensable une meilleure connaissance des salariés. L'entreprise s'est donc dotée de plus en plus d'outils d'analyse lui permettant une segmentation de plus en plus fine.

L'étape suivante constituait à optimiser les services fournis par la DRH et à cibler des populations critiques. En phase de croissance, la cible privilégiée était les futurs embauchés à forte valeur ajoutée reconnue sur le marché. La croissance de l'entreprise l'a exposée de plus en plus, et ses succès ont commencé à intéresser les concurrents. La cible suivante (priorité 2008-2009) est donc devenue les hauts potentiels n'ayant pas de back-up dans l'entreprise. Ce choix a impacté l'ensemble de la stratégie RH pour les années considérées.

La population cible correspond donc à une catégorie d'utilisateurs potentiels à laquelle une prestation RH est destinée. Le ciblage est donc un **choix stratégique ou tactique,** réalisé par la fonction RH, ou par l'entreprise, à partir d'une segmentation et en fonction des orientations stratégiques de l'entreprise.

Le ciblage permet de ne pas dilapider l'énergie et d'agir sur des populations identifiées pour leur importance stratégique en fonction des objectifs de l'entreprise et de la phase de développement dans laquelle se trouve l'organisation : en phase de croissance, priorité au recrutement et à la mise en place de *process* de base ; en phase de maturité, priorité à la rétention, donc aux hauts potentiels et aux *back-up*, etc.).

> **Le ciblage est l'étape suivant la segmentation RH,**
> **qui permet de concentrer l'énergie du marketing RH**
> **sur des segments « profitables » et des cibles adaptées**
> **à la réalité de l'entreprise, à ses enjeux et à sa stratégie,**
> **pour, *in fine*, attirer et fidéliser les meilleurs[1].**

Le ciblage consistera ensuite à choisir des « sous-populations » cohérentes, mais identifiées en fonction de la stratégie de l'entreprise. Le ciblage permettra aussi de qualifier la population et d'enrichir la segmentation par des critères plus qualitatifs, la segmentation restant principalement quantitative. Le ciblage permettra alors de piloter l'ensemble de l'approche marketing RH en développant et « marketant » des produits et des services en phase avec l'analyse des attentes de la population ciblée. Il faut garder à l'esprit que le ciblage n'est que le début d'un processus et qu'il s'agit de mettre en place des priorités.

Il est important de noter qu'un ciblage effectif devra combiner une finesse d'analyse (utilisation de plusieurs critères de sélection), sans

---

1. Dans ce nouveau rapport de force inversé entre l'entreprise et son salarié, la segmentation et le ciblage permettent d'affiner la politique de ressources humaines : dans son ouvrage sur la meilleure manière de bien considérer les salariés (*Treat People Right !* *op. cit.*), Edwards Lawler III stipule que la motivation et la fidélisation des meilleurs talents nécessitent une approche de plus en plus ciblée par catégorie de salariés.

pour autant entrer dans une granularité trop importante, qui empêcherait alors la mise en place d'actions cohérentes.

En fonction de ce ciblage, les spécialistes de la fonction RH pourront se mettre au travail pour développer, lancer, relancer ou actualiser leur offre de produits et de services.

En résumé, le modèle global consisterait à partir d'une population globale (tous les salariés, les salariés d'un site, étudiants…) et de faire une première phase dite de sélection qui consiste à segmenter la population en appliquant des critères génériques déjà utilisés dans la plupart des entreprises (*cf.* figure 13). Dans cette démarche de segmentation, les cibles « prioritaires » pour l'année en cours seront les seniors, les hauts potentiels ayant une dimension internationale et les experts techniques qui ne disposent pas de back-ups (successeurs potentiels) identifiés.

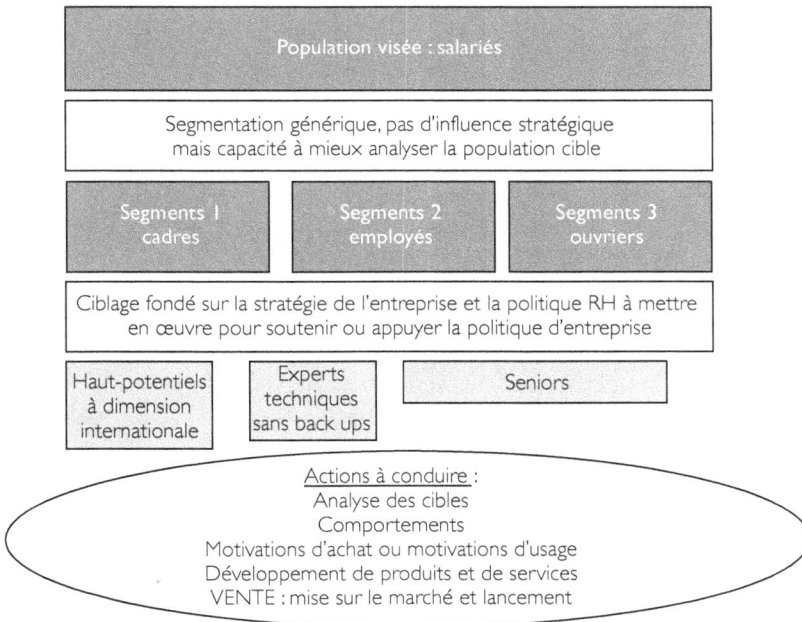

Figure 13 : un exemple de segmentation RH

Chacune de ces cibles devra par la suite être analysée afin d'identifier ses attentes, mais aussi son attitude par rapport aux services RH (actuels et à venir) et enfin ses **motivations d'usage** (à savoir la capacité à utiliser les services RH proposés).

Le schéma ci-dessus montre en quoi la segmentation et le ciblage peuvent avoir une portée et des objectifs différents. L'ensemble des commentaires effectués sur les différents groupes montre d'abord un début de segmentation (c'est-à-dire cette capacité à classifier en fonction de critères précis – tel que nous l'avons, par exemple, illustré à travers la matrice performance et potentiel). Cela permet ainsi de classifier la population analysée et d'identifier des blocs cohérents sur lesquels des actions particulières peuvent être ensuite entreprises, *via* le ciblage.

**À partir de cette segmentation, le ciblage consistera à mener des actions particulières sur tel ou tel segment**, actions qui feront l'objet de projets particuliers, mais aussi de *reporting* et de mesures spécifiques.

Le succès d'une démarche de segmentation tient à la compréhension de son marché (ou de ses clients), qui doit être la plus fine et précise possible. L'ultime question est alors de savoir jusqu'à quel point il faut segmenter sa population de salariés. Cela dépend pour beaucoup du coût de la démarche, et il appartient aux entreprises d'évaluer le coût et le bénéfice de la segmentation.

Les acteurs des ressources humaines doivent également prendre conscience que la stratégie de segmentation est dynamique et non statique, et que la pertinence des segments peut changer pour correspondre au mieux aux attentes des clients internes et externes.

### Exemples de critères de segmentation et de ciblage

Compte tenu des nombreux critères de sélection pouvant être utilisés, nous considérons trois niveaux différents de partition.

**Le premier niveau** : une segmentation *via* des critères rationnels, factuels, quantitatifs et stables :

• âge (seniors),
• salaires,
• situation géographique,
• statut (cadres, non-cadres),
• responsabilité hiérarchique (oui/non) ou niveau hiérarchique,
• métiers/emplois/fonctions,
• ancienneté,
• futurs employés,
• organisations syndicales,
• lobbies,
• expatriés.

**Le deuxième niveau** : une sous-segmentation, utilisant des critères qualitatifs, fluctuants et soumis à une appréciation individuelle (par exemple, par le manager) :

• hauts potentiels,
• *top talents/key talents*,
• captifs/non-captifs.

**Le troisième niveau** : mise en place du ciblage, *via* une mesure de l'intérêt d'agir sur ces cibles à partir de critères à la fois quantitatifs et qualitatifs tels que, par exemple :

• retour sur investissement,
• visibilité interne ou externe,
• impact sur la motivation,
• phasage avec l'actualité ou des problématiques sociétales,
• économies d'échelle possibles.

## Savoir segmenter sa population RH

| | | |
|---|---|---|
| **D'une culture « produits » à une culture « clients »** | **Les limites d'une pensée « produit »** | • La fonction RH a toujours développé des services/produits en se concentrant sur le côté technique |
| | **Vers une pensée « clients »** | • Le marketing RH met les attentes des clients au cœur d'une démarche visant à créer une offre compréhensible et désirable |
| | **Vers des typologies des clients** | • Les clients internes (sous-divisés selon le statut, le niveau hiérarchique…) vs clients externes<br>• Les décideurs, les prescripteurs, les payeurs et les utilisateurs<br>• Les clients individuels (B to C) vs organisationnels (B to B) |
| | **Connaître les attentes des clients** | • Construire une offre qui répond à qui (cible), à quoi (attente), au comment, où (distribution) et quand<br>• Intégrer des outils marketing pour une offre efficace |
| **Segmenter et cibler pour mieux vendre sa prestation RH** | **Finalité de la segmentation** | • Permet d'optimiser l'utilisation des services RH et de mesurer leur taux d'usage et d'acceptation<br>• Permet de différencier l'offre de la concurrence dans la « guerre des talents » et le besoin de rétention |
| | **Mise en œuvre de la segmentation** | • Les méthodes traditionnelles concernent des critères géographiques, d'expérience, de temps de travail, de position hiérarchique, et de génération |
| | **Des méthodes de segmentation** | • Segmenter selon la performance et le potentiel<br>• Segmenter les individus selon leur engagement<br>• Segmenter selon la visibilité et le volume de la population |
| | **Cibler** | • Ce sont les acteurs potentiels que l'entreprise cherche à attirer, conquérir, retenir ou fidéliser *via* des prestations RH adaptées<br>• Il s'agit de mener des actions (projets particuliers, *reporting* et mesures spécifiques) sur tel ou tel segment |

78

- - -

## Les fondements

L'orientation clients est le fondement du marketing RH. Il ne s'agit plus de penser en termes de produits RH, mais plutôt en termes de clients à satisfaire. Cette démarche n'est pas si évidente à adopter pour la fonction RH, trop longtemps centrée sur une technicité et sa capacité à maîtriser des systèmes et des concepts.

Il s'agit de penser clients, c'est-à-dire à toute personne concernée par le produit ou le service RH. Nous pouvons distinguer les clients selon les frontières de l'organisation (clients internes ou externes), selon leur rôle (décideurs, utilisateurs, prescripteurs, payeurs) ou qu'il s'agisse de clients finaux, directs ou intermédiaires.

## La nécessité

Une fois les clients identifiés et définis, il s'agit de connaître leurs attentes afin de déterminer le marché à conquérir ou à conserver pour, *in fine*, espérer vendre et se vendre : d'où le rôle majeur de la segmentation.

La segmentation est le point de départ d'une véritable démarche marketing RH. Elle vise à mieux comprendre la structure de clientèle (sur la base de critères quantitatifs et qualitatifs) pour choisir les cibles à privilégier (sur lesquels seront menées des actions particulières). Il faudra se lancer dans la conception de produits et services RH adaptés au ciblage, et enfin vendre ces produits, créer le besoin de ré-achat et fidéliser.

## La mise en œuvre

La segmentation a longtemps été considérée *via* des critères classiques comme la distinction cadre/non-cadre ou encore local/global. Les méthodes traditionnelles retiennent aussi des critères géographiques, d'expérience, de temps de travail, de position hiérarchique ou encore de génération. Il est nécessaire de dépasser les critères de segmentation pour retenir d'autres méthodes possibles, telles que la segmentation en fonction de la performance et du potentiel, l'engagement des salariés, ou la visibilité et le volume de la population.

La segmentation appelle ensuite le ciblage, c'est-à-dire l'identification de la ou des cible(s) sur laquelle ou lesquelles les actions RH seront menées. En fonction de ce ciblage, les spécialistes de la fonction RH pourront se mettre au travail pour développer, lancer, relancer ou actualiser leur offre de produits et de services RH.

3

# Définir son offre RH

Fusions, acquisitions, transferts de *business*, délocalisations, globalisation et précarité sont autant de facteurs de stress et de tension, sources de nouvelles exigences et générateurs de nouveaux modes d'organisation et de consommation des prestations RH. Dans ce contexte de tensions, **l'entreprise doit apprendre à (se) vendre auprès de ses salariés et de tous les acteurs concernés par cette prestation**, tout comme elle se vend aux actionnaires, aux investisseurs potentiels ou aux partenaires commerciaux.

Intéressons-nous ici au produit[1], premier pilier du marketing mix RH. Il s'agit en effet de définir la prestation RH offerte par le département des ressources humaines. Cette première réflexion peut apparaître simpliste, la plupart des prestations RH étant *a priori* particulièrement bien définies. Et pourtant, la fonction RH reste une des plus critiquées sur sa capacité à offrir des prestations véritablement adaptées aux réalités du « terrain ». Cette critique trouve bien souvent son origine dans la façon même dont la fonction RH se voit, se construit et se développe.

---

1. Si le produit RH fait ici référence à l'*output* global de l'entreprise (c'est-à-dire les produits matériels, les services, ou encore les activités), nous retiendrons également le terme « prestation RH », qui renvoit indifféremment à un produit ou un service RH. Par le terme « offre RH », nous désignons une gamme de produits ou services RH.

Là est l'objectif de ce chapitre : après avoir mieux compris *les* clients et ainsi segmenté son marché, il s'agit à présent pour la fonction RH de définir son offre pour positionner ses produits ou ses services RH :

**Définir des prestations adaptées aux attentes,
tout en favorisant également la capacité d'innovation.**

Il s'agit entre autres :

- d'être en avance, sans pour autant être trop loin des réalités ;
- d'accepter de favoriser l'efficacité, plus que l'excellence technique ;
- de comprendre les attentes, plutôt que d'essayer de forcer l'utilisation ;
- d'accepter de négocier les conditions de mise en œuvre d'une prestation RH ;
- de se tourner vers les clients, plutôt que vers les *process.*

Au cours de ce chapitre, nous allons nous intéresser à la façon de structurer son offre globale, encore appelée portefeuille ou gamme de services RH. Le marketing RH fait véritablement entrer la fonction RH dans une ère de performance commerciale si elle ne veut pas revenir à l'état de fonction administrative, sans véritables enjeux stratégiques. Pour reprendre les premiers développements sur le marketing RH de Philippe Liger, **il est important pour l'entreprise de définir un positionnement RH et une offre qui lui soit propre.** Le positionnement selon Philip Kotler n'est d'ailleurs que le prolongement d'une démarche de segmentation et de ciblage.

# (Re)définir son offre de prestations RH

**Toute approche marketing RH doit d'abord consister à
bien définir le périmètre et la nature de son offre produit.**

Si cette première étape n'est pas respectée, le risque est de ne pas avoir une idée claire du portefeuille de produits RH ou de services RH proposés. Toute amélioration et optimisation issues de la démarche marketing RH sont alors impossibles.

Le point de départ est purement sémantique : au lieu de parler de « prestations RH », faut-il parler de « produits RH » ou de « services RH » ? Il n'y a pas de réponse absolue, mais cette première interrogation nous amène à différencier ces deux notions. Le produit possède une dimension plus tangible (il « existe », se touche, se voit) et plus commerciale, alors que le service reste « abstrait », parfois intangible, et peut être associé à une notion de « gratuité » ou de diffusion générale et non limitée (par exemple, la paye).

Les produits RH sont constitués de prestations identifiées, « packageables », faisant l'objet d'une stratégie de prix et de diffusion particulière. Un programme de formation particulier, spécifique de par sa cible (disposant d'un processus de sélection particulier), ayant une existence « physique » (un nom, des supports, une image), ainsi qu'un prix (budget, prix) peut constituer un produit RH. À l'inverse, un catalogue de formation, ouvert à toutes et à tous, sans « matérialisation particulière » et considéré comme un droit plus que comme une opportunité, peut constituer un service RH offert et qui sera donc « marketé » selon des critères différents.

Le choix de définir une prestation comme un service ou un produit est également une décision « marketing ». Il s'agit de différencier les produits RH (qui peuvent faire l'objet d'une stratégie marketing construite autour du mix) des services RH (dont le marketing se limite à l'information de l'usager).

Nous parlerons ainsi de services RH ou de produits RH comme des termes interchangeables, et se référant ainsi à tout un ensemble de prestations que la DRH peut offrir à ses clients. Pour aller plus loin, affinons cette analyse de l'offre que l'entreprise peut ainsi proposer.

## Vers une cartographie des prestations RH

Durabilité, intangibilité, habitudes de consommation (produits d'achat courant ou réfléchi) sont autant de façons de classer les produits pour les responsables marketing. Pour la DRH, la distinction entre les produits RH et les services RH se trouve non seulement dans l'intangibilité, mais également dans la nature obligatoire ou non de la prestation. Si un service RH est obligatoire, il perd de la valeur et devient un dû. C'est, par exemple, le cas de la paye et des services associés, mais aussi de l'ensemble des prestations définies par la loi, ou par l'entreprise, mais positionnées comme un droit collectif. Cette double distinction (tangible/intangible et obligatoire/optionnel) nous permet de proposer une cartographie des prestations RH (non exhaustive) et de distinguer entre produits et services RH (*cf.* figure 14).

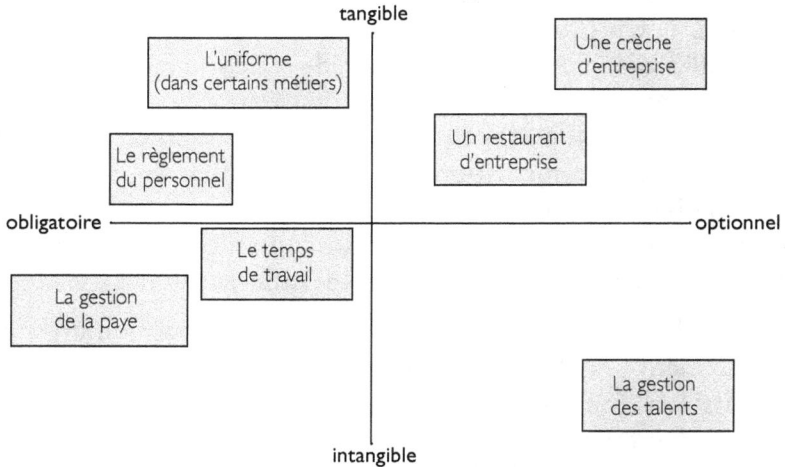

Figure 14 : cartographie des prestations RH

La fonction RH propose aux salariés (actuels et futurs) une palette de plus en plus large de produits RH et de services RH : des prestations qualifiées de régaliennes ou standards (prestations de bases sans lesquelles l'entreprise ne pourrait pas fonctionner) aux prestations optionnelles, fruits d'une demande du marché ou d'une volonté de différenciation.

## Proposer une véritable offre de services RH

Nous distinguons deux catégories de prestations :

- La première catégorie – **les services standards** – regroupe le plus souvent l'ensemble des prestations de base (administration du personnel), les prestations obligatoires (formation, gestion des heures supplémentaires) et les grandes activités RH liées au flux de « circulation dans l'entreprise », c'est-à-dire du recrutement au départ de l'entreprise (licenciement, démission).

- La seconde catégorie de services – **les prestations optionnelles** – permet d'adapter le minimum requis aux exigences stratégiques de l'entreprise ou à la demande du marché interne (salariés) ou externe (société, étudiants, prestataires…).

> ### Distinguer le standard de l'optionnel : un exercice parfois difficile
>
> Une politique de formation peut aussi bien être considérée comme un service standard si elle se limite aux exigences légales. Cependant, en la complétant avec des services ou prestations optionnels, elle peut devenir un service optionnel… si la volonté de l'entreprise est de favoriser le développement interne, au détriment de l'acquisition de talents à l'extérieur.
>
> A contrario, une politique de stock-options peut être considérée comme un service particulier réservé aux dirigeants (service optionnel). Elle peut également être généralisée à l'ensemble des salariés, et devenir ainsi un élément standard de la politique de rémunération. Dans ce cas, elle peut devenir un outil de fidélisation à destination du plus grand nombre, plutôt qu'un aspect exclusif de la rémunération des dirigeants.

Une fois les types de services RH clairement identifiés, il faut les associer à une population cible (préalablement identifiée) : s'agit-il de proposer son offre de services au grand public ou, en revanche, ne les proposer qu'à une cible bien particulière ? Il s'agira, par exemple, de proposer une offre de services standards pour les cadres, et les services optionnels pour des cadres à haut potentiel.

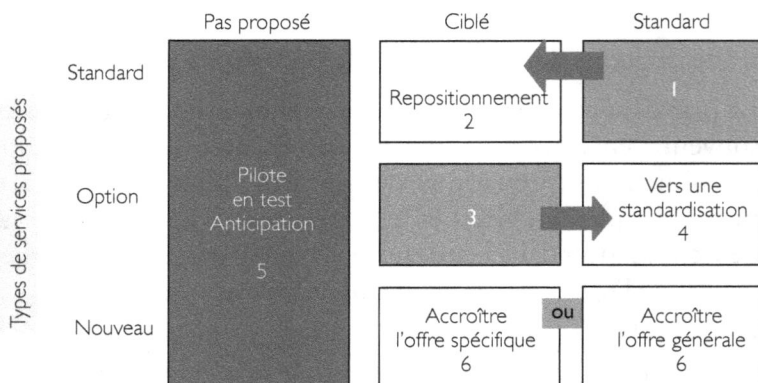

Figure 15 : définir l'offre de produits et de services RH

Le croisement entre les services proposés par l'entreprise et le type de cible permet d'ores et déjà à la DRH de positionner son offre RH. La matrice résultante (*cf.* figure 15) nous permet d'identifier au moins six scénarios :

1. **Une standardisation appelle naturellement des services standards.** Elle peut s'enrichir de services optionnels, dans le cas où l'entreprise souhaite élargir ses prestations de base et ouvrir pour cela des services optionnels au plus grand nombre.

2. **Certains services standards peuvent être repositionnés et passer d'une offre classique à une offre plus ciblée.** Par exemple, en période de restructuration ou d'économies, certaines prestations destinées au plus grand nombre seront réduites (en termes de portée). Ce type de décision demande des efforts de communication et de conviction particulièrement importants, car ce changement du standard au ciblé provoque des risques de démotivation ou de résistance.

3. **Une offre plus ciblée** (il peut y en avoir plusieurs) **s'adresse quant à elle à des cibles particulières** ; elle se compose de services ou de prestations spécifiques, qui viennent ainsi remplacer ou compléter l'offre standard. Il s'agit de prestations « hors normes »,

destinées à attirer, fidéliser ou retenir une cible particulière. Il peut aussi s'agir de prestations ou de services « d'image », ayant pour vocation première de soutenir des actions de communication ou de *corporate branding* (*cf.* chapitre 6).

4. **La standardisation d'une prestation peut aussi passer par des phases de déploiement différentes**, chacune de ces phases ciblant une population particulière et l'amenant peu à peu à une généralisation. Tel est le cas d'une entreprise de matériel médical qui dispose d'un processus d'entretiens de développement réservé à ses hauts potentiels. Elle décide de généraliser ces entretiens pour les intégrer finalement au processus standard d'évaluation de la performance et du potentiel. Ce choix permet d'accompagner la croissance de l'entreprise (qui avait privilégié jusqu'alors le recrutement) et de mieux fidéliser les salariés en leur offrant une prestation nouvelle.

5. **Il existe également des services en développement (ou nouveaux) qui ne sont pas proposés de manière standard ou optionnelle.** Ce sont, dans la plupart des cas, les situations de mise en place de nouveaux services, qui passent par une phase de validation opérationnelle avant leur intégration complète dans une offre de prestations. L'erreur la plus souvent commise en phase de développement est un décalage entre la perception de la fonction RH et les attentes réelles des futurs clients.

6. **L'ensemble des prestations RH en cours de développement et/ou en phase de pré-lancement doit venir enrichir dans un futur plus ou moins proche ce qui est d'ores et déjà proposé de manière standard ou ciblée.** Il en va ainsi de certains systèmes informatiques RH qui passent par des phases de tests particulièrement longues avant leur lancement auprès des populations cibles. Le choix de les rendre standards ou ciblés est pris soit dès l'origine du projet, soit au moment des phases de test et des pilotes, en fonction des résultats opérationnels.

Cette configuration identifie les différentes situations auxquelles peuvent être confrontés les responsables de projets RH en charge du développement ou du lancement de nouvelles prestations. Il s'agit en fait de faire évoluer son offre RH.

## Faire évoluer son offre de services RH

Pour réfléchir à une évolution de son offre de services, la fonction RH doit non seulement analyser les services qu'elle propose, mais également se projeter dans l'avenir et anticiper les évolutions en fonction de l'organisation de l'entreprise ou en fonction des éventuels changements de priorité. Cette analyse prend donc deux dimensions – les cibles (actuelles ou nouvelles) et les services (existants ou nouveaux) – et propose quatre scénarios que nous résumons dans la figure 16 :

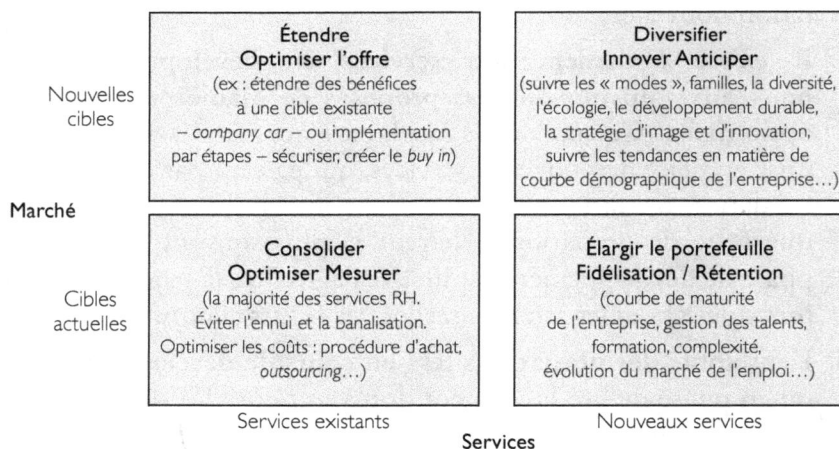

Figure 16 : évolution des prestations RH

- **Le premier scénario** (en bas à gauche) **se fonde sur l'existant et concerne les produits et services offerts à des cibles déjà identifiées et « traitées ».** Dans ce cas, la première approche consistera à évaluer l'existant, mesurer l'usage des services proposés et leur intégration dans le quotidien de l'entreprise. Il pourra aussi s'agir d'analyser la pertinence des cibles choisies selon la stratégie de l'entreprise.

• **Le deuxième scénario** (en haut à gauche) **permet d'évaluer si les services existants peuvent intéresser de nouvelles cibles.** C'est une façon d'optimiser son offre, son investissement temps et les coûts potentiels. Ce scénario montre également une réactivité de la fonction RH et une capacité à repenser systématiquement ses services.

• **Les troisième et quatrième scénarios** (à droite) **nous font entrer dans le développement de nouvelles prestations.** Il s'agit de savoir si la nouvelle offre va s'adresser en priorité à une cible existante ou à une nouvelle cible :

– dans le premier cas (en bas) il s'agit d'élargir le portefeuille des services offerts et de fidéliser la clientèle, à savoir conduire une politique de rétention. L'offre de nouveaux services à une population d'ores et déjà identifiée traduit une certaine maturité de l'organisation, qui veut dépasser l'offre de base, souvent constituée des services « régaliens » de la fonction RH – le contrat de travail, la paye et les prestations sociales, voire la formation (si celle-ci est limitée à l'investissement minimum légal) ;

– dans le dernier scénario (en haut), la nouvelle offre de services cible une nouvelle population, et donc accompagne une évolution de la stratégie de l'entreprise et souligne ainsi la capacité de la fonction RH à innover et à se diversifier.

C'est aussi la conséquence de la place que la fonction RH tient dans l'organisation, entre les salariés et la direction générale, à la fois vecteur d'une stratégie d'entreprise (avec tous les aspects positifs et plus difficiles à manager), mais aussi seule fonction à dimension « humaine » (par opposition à la dimension *business*) qui en fait un des interlocuteurs privilégiés de chaque salarié de l'entreprise.

Cette dualité a probablement contribué à rendre plus difficile une approche client structurée. Et pourtant, ce positionnement n'est pas si différent de celui d'une fonction marketing, prise entre les exigences de l'entreprise et les attentes des clients. Encore un point commun qui doit nous convaincre que marketing et ressources humaines ont un lien très fort…

## La valeur ajoutée d'une offre de services RH

La valeur ajoutée d'une prestation RH dépend intégralement de cet alignement entre le degré d'innovation perçu par la fonction RH et le besoin exprimé par les clients. Quatre scénarios existent (*cf.* figure 17) :

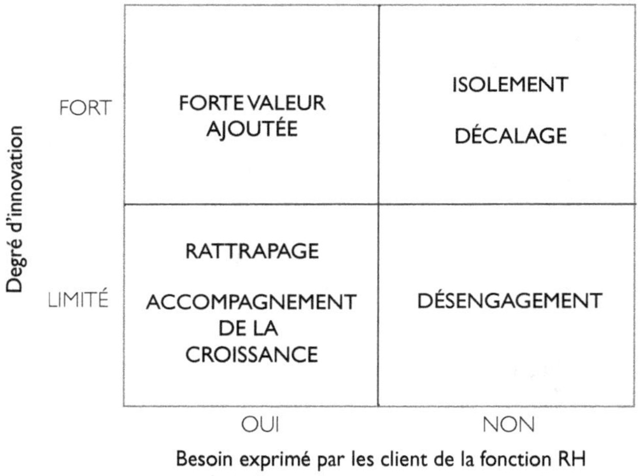

Figure 17 : nouveaux produits et « réalité terrain »[1]

- **Le cas d'un fort degré d'innovation, associé à un besoin clairement exprimé par les clients** : la future prestation sera porteuse d'une vraie valeur ajoutée et constituera un programme structurant et capable de faire évoluer l'organisation.

---

1. Librement adapté de Edward G. Krubasik (1988) "Customize Your Product Development", *Harvard Business Review*, 46-50.

### Le programme de développement des hauts potentiels comme prestation à forte valeur ajoutée

Dans une entreprise de biotechnologie suisse, attardons-nous sur le lancement d'un programme de développement des hauts potentiels, en partenariat avec des universités de premier plan. Ce programme est conçu sur mesure pour exposer les futurs dirigeants aux évolutions du marché de la santé et anticiper les conséquences sur leur style de management et de leadership.

Ce type de programme est innovant (de par sa conception et son contenu volontairement fondés sur les évolutions du secteur à moyen et long terme, une première pour une entreprise de ce secteur). Il répond également à un besoin exprimé par les hauts potentiels de l'entreprise quant à leur propre développement, ou encore au besoin ressenti de se projeter dans l'avenir et de ne pas piloter uniquement dans le court terme – risque souvent réel dans les entreprises cotées à Wall Street.

Une prestation de cette nature peut aussi constituer un « vaisseau amiral » pour la fonction RH, porteuse d'image forte et capable d'entraîner d'autres innovations. En terme de marketing RH, elle constitue alors un produit phare, utilisé comme référence et permettant de renforcer l'image de la DRH dans sa globalité.

- **Le cas d'une future prestation innovante pour la fonction RH non attendue par les futurs clients** est plus préoccupant ; il y a un décalage entre les développeurs et le marché. Ce décalage peut tenir à la fois d'un isolement de la fonction ou d'un problème lié à la conduite du projet en lui-même. Mais il peut aussi s'agir d'un risque délibéré pris par l'entreprise pour forcer l'organisation à changer.

- **Le cas de services à faible degré d'innovation, fortement demandés par les clients** : il s'agit plus de rattrapage que d'innovation. Dans la plupart des cas, ce scénario se retrouve dans des entreprises en forte croissance qui profitent de l'augmentation de leur taille pour offrir des services correspondant à leur nouveau statut. S'ils n'ont rien d'innovant par rapport à la concurrence, ces services répondent à une forte demande.

- **Le cas de services RH comprenant une faible innovation et ne répondant pas à une attente particulière des futurs clients :** l'énergie dépensée pour le développement de ces prestations est, dans la plupart des cas, inutile. Il faut soit se désengager, soit mettre le projet en veille, jusqu'au moment où le besoin se fera sentir.

> **Du désengagement total à une forte valeur ajoutée : l'exemple d'un groupe pharmaceutique**
>
> En plein succès grâce au lancement d'un médicament révolutionnaire (sans concurrents sérieux, fortement demandé par les clients – médecins spécialistes en gastro-entérologie), une entreprise pharmaceutique décide de lancer un programme de formation commerciale à destination de ses visiteurs médicaux.
>
> Plus de sept cents personnes sont concernées. Le contexte n'est pourtant pas porteur (les ventes explosent et la priorité de l'organisation n'est pas la formation commerciale, mais l'intégration des nouveaux arrivants – plus de cinquante par mois – et la formation « produits »). De plus, la formation proposée n'est pas innovante et se constitue d'un module classique, peu customisé et, de plus, n'ayant pas le support du management.
>
> Positionné d'entrée comme obligatoire et indispensable à la réussite des ventes, il s'attire la fronde des équipes commerciales. Finalement lancé à grand renfort de communication, il ne recueille pas l'adhésion des participants et tombe rapidement dans l'oubli, passant d'obligatoire à facultatif, puis voyant sa durée réduite, pour enfin être retiré de l'offre de formation.
>
> Quelques mois plus tard, une nouvelle initiative plus ciblée (les visiteurs médicaux d'une division plus exposée à la concurrence), répondant à un besoin exprimé par le management commercial et développé en partenariat avec les chefs de ventes et animés en partie par eux, sera couronnée de succès.
>
> Ce programme de formation sera passé de la case « désengagement » à celle de forte « valeur ajoutée ».

Il faut à présent rendre l'offre de services perceptible par le client. Il ne s'agit pas uniquement de bâtir une offre, mais encore faut-il la rendre « séduisante ».

# Positionner et différencier son offre RH pour mieux vendre

Selon Philip Kotler, le positionnement est le choix d'une stratégie marketing permettant de donner à une offre (produit ou marque) une position crédible, différente et attractive au sein d'un marché et dans l'esprit des clients visés. Aussi, pour la DRH, une orientation clients permet de développer des services RH et d'améliorer ainsi leur utilisation, parce qu'ils sont particulièrement adaptés à un besoin et apportent un ou des avantages aux futurs utilisateurs. Le positionnement RH va permettre de rendre concret cette approche en formalisant en quoi le produit/service RH est différent, créant ainsi de l'intérêt, et donc améliorant sa valeur d'usage.

### Mettre en œuvre une stratégie de positionnement RH

Une véritable stratégie de positionnement RH se déroule en six phases principales :

- comprendre et analyser les services RH proposés et les mettre en phase avec la stratégie de l'entreprise ;
- identifier la population cible (par le ciblage) pour mieux cerner ses attentes, mais aussi ce que les futurs utilisateurs valorisent – à savoir ce qu'ils mettent en avant dans leur processus de choix (définition des priorités) et dans leur processus de décision ;
- prendre en compte la concurrence (qui existe, même dans les prestations RH) et s'en démarquer ;
- définir sa *value proposition*, qui caractérise le produit en le différenciant des autres (la concurrence) et en le rendant attractif par rapport à la population ciblée ;
- formaliser ce positionnement et tester celui-ci auprès de clients choisis parmi la cible ;
- lancer le produit RH ou le service RH.

La fonction RH est à l'image de beaucoup d'entreprises et de managers français : un fort centrage sur l'aspect technique, associé à un manque cruel d'esprit commercial. Le postulat de départ est qu'un service, une prestation ou un *process*, bien défini techniquement, sera par définition forcément acheté ou accepté par les utilisateurs auxquels il est destiné.

> **La qualité d'une offre RH dépend de sa capacité
> à satisfaire des clients internes ou externes,
> ciblés et clairement identifiés.**

Rien ne sert de développer un superbe outil de gestion des compétences si la maturité de l'organisation n'est pas assez suffisante pour accepter d'entrer dans ce type de démarche.

## Vendre un produit RH ou un service RH

Longtemps considérée comme une fonction administrative, la fonction RH s'est limitée à « proposer » des services. Le verbe « proposer » donne l'impression d'une mise à disposition technique, gratuite, et s'assimile à une prestation proche de celle « proposée » par un service public. Ce positionnement était parfaitement justifié à une époque de faible concurrence et de prestations RH limitées dans leur nature (principalement administrative) et leur portée (services de base, pas ou peu ciblés). Mais l'époque actuelle bouleverse cette donne, en mettant la DRH dans une situation de forte concurrence (« guerre des talents »), de complexité accrue et d'attitudes nouvelles des salariés (actuels ou futurs) par rapport à l'entreprise.

> **Le marketing RH passe en premier lieu par une capacité
> à bien comprendre la nature des prestations proposées
> afin d'optimiser leur positionnement.**

Le simple fait de posséder une définition plus claire des produits RH (à travers une analyse de portefeuille de produits RH) permet une véritable amélioration dans la capacité à vendre ses prestations, en interne aussi bien qu'en externe, comme dans le cas du secteur de l'intérim.

### Vendre une prestation « intérim »

En constante évolution dans le mode des ressources humaines, le secteur de l'intérim se porte excellemment bien dans le début des années 1990, combinant des résultats financiers avec une très forte croissance liée à une forte demande des entreprises. Pourtant, ce secteur d'activités souffre encore d'une image très négative, associée à celle de « marchands d'esclaves ». En interne, l'approche marketing est plutôt simple – on vend de la prestation d'intérim ou de remplacement – et se centre principalement sur la communication au travers de campagnes de publicité restées célèbres.

Mais l'environnement change rapidement. La crise économique qui frappe de plein fouet le recours classique à l'intérim débouche sur de nombreuses faillites et des processus de regroupement dans cette industrie. Au niveau marketing, une question fondamentale commence à émerger : « Que vendons-nous et en quoi ce que nous vendons est-il différent des milliers d'entreprises d'intérim intervenant sur le marché ? » Un des leaders du marché entame alors une réflexion marketing de fond qui doit déboucher sur une réponse à ces interrogations.

D'abord défini comme « prestation d'intérim » le portefeuille produit est d'abord décortiqué pour finalement arriver à une liste bien plus exhaustive :

• recrutement : analyse des dossiers, évaluation, intégration dans l'entreprise, suivi…

• gestion administrative : expertise en contrat de travail, expertise en gestion des personnels intérimaires (contrats, obligations légales, paye…), conseils aux DRH…

• services aux intérimaires : analyse du marché et recherche d'emploi, formation, orientation, aide administrative, gestion de la paye…

Par la suite, chacune de ces prestations est redéfinie et positionnée clairement par rapport aux cibles visées et aux attentes des clients. Mais cela n'est pas tout. Cette analyse met en évidence des manques, des « trous » dans l'offre de service, et amène l'entreprise à engager un processus ambitieux de développement de nouveaux services.

Cela aboutit à des innovations qui feront date sur le marché :

- certification ISO des processus de recrutement pour assurer consistance et qualité ;
- développement d'outils d'évaluation pour des personnels non qualifiés (par exemple, manutentionnaires) ;
- optimisation des processus de présélection des intérimaires pour optimiser les phases de recrutement *via* les entretiens.

Finalement, ce travail conduit à une refonte complète de l'organisation – de ses méthodes et du processus : elle passe d'expert en intérim à expert en flexibilité, créant de nouveaux métiers (vendeurs grands comptes) pour faire face à de nouvelles exigences des clients, ou s'organisant différemment pour adresser deux segments principaux de clientèle (les salariés intérimaires et les entreprises).

Dans cet exemple, la réflexion sur l'offre de services permet de développer toute une gamme de produits RH. Identifier et gérer une gamme de produits (ou de services) RH permet d'améliorer la cohérence globale de son offre RH. Le positionnement d'une offre est une prise de conscience de l'entreprise, nécessaire pour réussir à vendre mieux sur certains segments du marché. Vendre mieux peut résulter d'un objectif de différenciation ou de substitution des produits ou services RH.

## Définir la gamme de produits et de services RH d'une entreprise

La réflexion doit porter sur toute la gamme de produits ou de services RH et leur cohérence. Pour ce faire, il faut différencier les produits RH par leur capacité à être substituables ou non, être spécifiques ou généraux. Aussi, pour un positionnement de la gamme des produits et services RH, nous distinguons deux axes possibles :

- **Le premier axe concerne la cible**, autrement dit le(s) destinataire(s) de la gamme de produits ou de services. Cette segmentation par le client nous amène à distinguer le produit ou service ciblé (destiné à un ou quelques salariés spécifiques) du produit ou service global (qui concerne l'ensemble des salariés). En d'autres termes, le service RH est-il disponible pour tous (par exemple, la paye) ou réservé à une minorité de salariés (expatriés, hauts potentiels, cadres dirigeants, vendeurs, partenaires sociaux…) ?

- **Le second axe concerne le potentiel de substitution ou la spécificité du produit ou service RH.** Au produit ou service facilement substituable s'oppose le produit ou service généralisable, donc standard.

Chacun des produits ou service RH peut donc se positionner au regard des deux axes mentionnés ci-dessus : par exemple, un système de paye est un produit RH non spécifique (il concerne tous les salariés), mais reste substituable (il n'a rien d'unique). À l'opposé, un programme de formation des hauts potentiels est non substituable (car répondant à des critères particuliers propres à l'entreprise), mais est spécifique (puisqu'il s'adresse à une population bien ciblée de l'entreprise, et non à sa totalité).

La matrice de structuration de la gamme de produits et de services RH distingue ainsi quatre orientations différentes (*cf.* figure 18) :

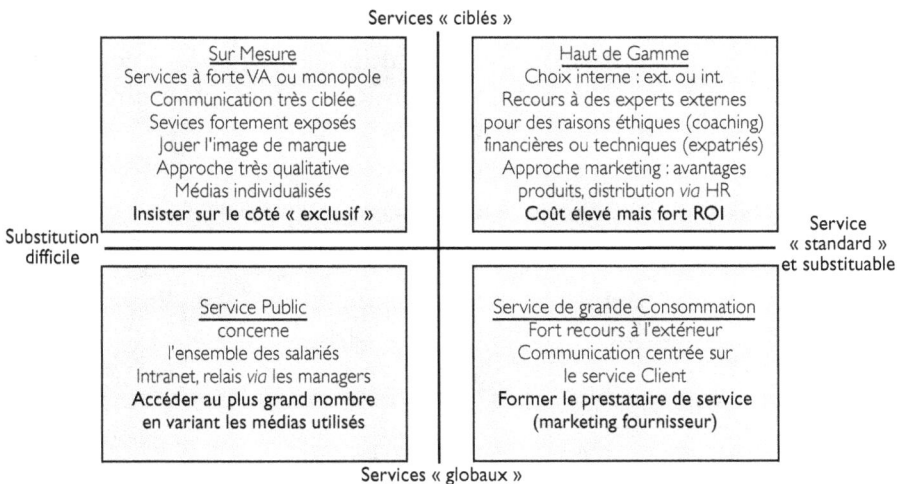

Services « ciblés »

| Sur Mesure<br>Services à forte VA ou monopole<br>Communication très ciblée<br>Sevices fortement exposés<br>Jouer l'image de marque<br>Approche très qualitative<br>Médias individualisés<br>**Insister sur le côté « exclusif »** | Haut de Gamme<br>Choix interne : ext. ou int.<br>Recours à des experts externes<br>pour des raisons éthiques (coaching)<br>financières ou techniques (expatriés)<br>Approche marketing : avantages<br>produits, distribution *via* HR<br>**Coût élevé mais fort ROI** |
|---|---|
| Service Public<br>concerne<br>l'ensemble des salariés<br>Intranet, relais *via* les managers<br>**Accéder au plus grand nombre<br>en variant les médias utilisés** | Service de grande Consommation<br>Fort recours à l'extérieur<br>Communication centrée sur<br>le service Client<br>**Former le prestataire de service<br>(marketing fournisseur)** |

Substitution difficile — Service « standard » et substituable

Services « globaux »

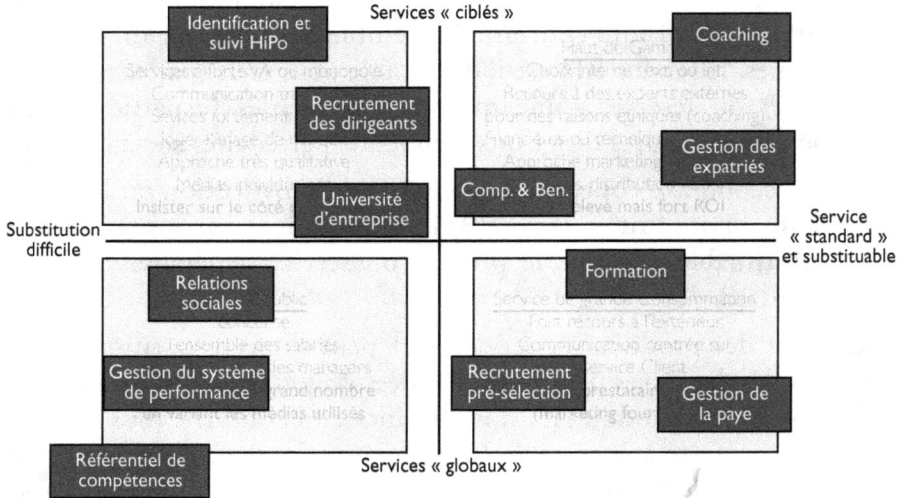

Figure 18 : la gamme de produits et de services RH

1. **Les produits ou service RH sur mesure** (ciblés et non substituables) : il s'agit des produits et services destinés à une population spécifique de salariés et extrêmement ciblés (par exemple, les hauts potentiels) et qui peuvent être apparentés à des produits « de luxe » de par leur exclusivité, leur prix et leur accès limité. Ils sont le plus souvent développés en interne et associent fortement la direction générale à leur mise en œuvre et à leur communication. Ils sont présentés comme « exclusifs » et, de ce fait, choisissent des canaux de communication très ciblés et limités en nombre.

### L'université d'entreprise : une prestation RH sur mesure

Une université d'entreprise réputée d'un grand groupe industriel propose des prestations réservées aux hauts potentiels, sélectionnés par un comité de pilotage chapeauté par le CEO de l'entreprise. Un des programmes phares est appelé le SMP (Senior Management Program) et constitue un moyen privilégié pour accéder à des postes de direction générale. La quasi-totalité du comité de direction de l'entreprise est d'ailleurs passée par ce programme exigeant.

En terme de marketing RH, ce programme rassemble tous les attributs, du « produit de luxe » : exclusivité (cinquante participants pour plus de cent cinquante candidats, eux-mêmes tous hauts potentiels), design 100 % interne, intervenants prestigieux, image de marque (le programme), prix élevé, système de suivi et de monitoring des participants, distribution exclusive (*via* les membres du comité de direction), et communication très ciblée.

À plusieurs reprises, des grandes universités ont tenté de proposer des programmes identiques, mais sans succès. Ce programme a donc une position dominante, non substituable, et est considéré comme stratégique non pas uniquement par la DRH, mais également par la direction générale.

2. **Les produits ou services RH haut de gamme** (ciblés mais substituables) : à l'inverse des produits « sur mesure », ces services sont relativement standards, mais ils restent positionnés sur le haut de gamme – notamment de par leur prix ou leur « accessibilité ».

### Le coaching de dirigeant : une prestation RH ciblée, mais substituable

Les entreprises qui ont recours au coaching le réservent le plus souvent à la catégorie des dirigeants et présentent souvent ce service RH comme une prestation de très haut de gamme, à forte valeur ajoutée et à faible diffusion.

Néanmoins, le coaching reste un service « standard ». Nous ne nions pas ici l'aspect individualisé de la prestation de coaching, mais plus le processus de développement et de « mise sur le marché » de la prestation qui ne relève que trop rarement d'une réelle personnalisation dans sa conception.

3. **Les produits ou services RH publics** (globaux et non substituables) : il s'agit de services qui touchent l'ensemble d'une population ou l'ensemble de l'entreprise, mais qui restent spécifiques à l'entreprise. Ils sont difficilement substituables, soit parce qu'un produit équivalent n'existe pas sur le marché, soit parce que le produit existe, mais que son implantation coûterait trop cher. Ils sont globaux de par leur mise en œuvre. Un Intranet ou un

service d'e-RH peuvent se classer dans cette famille, de même que des dispositifs d'actionnariat salariés ou des programmes de formation propres à l'entreprise.

Des programmes globaux, décidés par la direction et largement implantés peuvent également être mis dans cette catégorie. Certains de ces services peuvent s'assimiler à des « services publics RH ». Le recours à ces services est « obligatoire » et le client est captif (il ne peut pas utiliser un autre service similaire). L'approche marketing sera alors moins « commerciale » mais plus axée sur le produit (positionnement, caractéristiques/avantages) et son accessibilité.

### Un exemple de prestation globale et non substituable

Il y a quelques années, une grande compagnie aérienne française s'est dotée d'une « école des ventes » dont l'objectif principal était d'accompagner les transformations des métiers commerciaux dans l'entreprise et d'offrir des programmes de développement à l'ensemble de la population commerciale du groupe.

Ces programmes étaient difficilement substituables, car adaptés à 100 % aux nouvelles réalités de l'entreprise, mais globaux.

Le programme de changement engagé par la direction générale de l'époque voulait que l'ensemble des commerciaux (tous niveaux confondus, y compris la direction générale) soit formé aux nouvelles techniques et démarches commerciales. Produit « grand public », cette école des ventes a fait l'objet d'un positionnement unique à l'époque pour cette entreprise : une structure de changement et d'échange à dimension internationale.

4. **Les produits ou services RH de grande consommation** (globaux et substituables) : il existe des produits/services similaires, tant par la qualité que par le coût. Ces services font souvent appel à des prestataires extérieurs, et leur degré d'adaptation à la spécificité de l'organisation est limité. Il s'agit de produits génériques, tels que, par exemple, les formations informatiques ou linguistiques, voire parfois des services tels que la paye.

En termes marketing RH, la DRH doit alors développer une démarche de marketing « fournisseur » permettant au prestataire de service externe d'être « compris » comme étant partie intégrante de l'entreprise.

### Un produit on-line de grande consommation

En 2002, un groupe pharmaceutique implante un système de management des rémunérations on-line. Ce système avait fait l'objet d'un fort développement interne et d'un degré élevé de customisation.

Cependant, malgré un lancement réussi, sa maintenance s'avère complexe. À l'occasion d'un rachat par un grand groupe en 2006, le choix est de passer à une solution standard, facilitant l'intégration, proposée par un leader du marché des systèmes de gestion RH intégrés.

Le changement stratégique a fait changer la nature même du produit, le faisant passer d'un statut de « non substituable » à un statut de « substituable ».

Cette analyse permet d'avoir une photographie plus claire de l'offre de produits et de services RH. Plusieurs grilles d'analyse sont bien évidemment applicables, avec pour principe de base qu'aucune n'est meilleure qu'une autre – à partir du moment où l'analyse existe et débouche sur une image claire (et partagée) de ce qui constitue la gamme de produits RH.

La mise en place d'une démarche de marketing RH va supposer d'aller plus loin et de faire se rencontrer les attentes des clients internes – connus et ciblés – et les prestations qui leur seront proposées. Il s'agit alors de faire la différence entre les caractéristiques techniques et les avantages ou les bénéfices clients.

## Dépasser l'approche technique des prestations RH

Le croisement entre la technicité du produit/service RH et la demande du client nous permet de proposer une matrice sur les caractéristiques et les avantages du produit/service RH (*cf.* figure 19) :

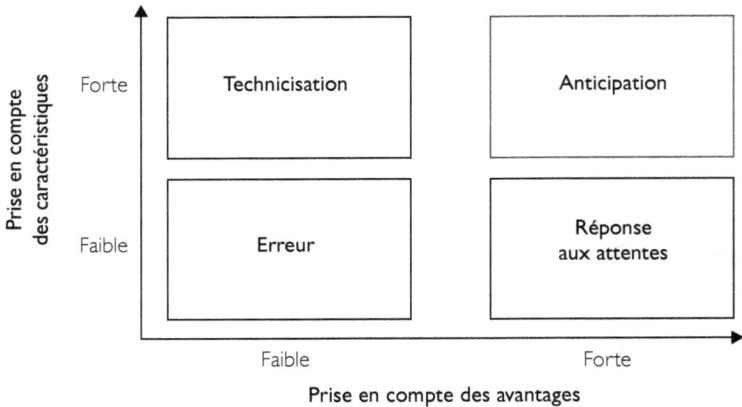

Figure 19 : positionnement selon les caractéristiques de la prestation RH

- **Le premier cas** (en haut à gauche) **se caractérise par une forte prise en compte des caractéristiques au détriment des avantages pour le client.** C'est l'approche technocratique.

- **Le deuxième cas** (en bas à gauche) **est l'exemple des développements de produits loupés, où ni l'aspect technique, ni l'aspect client ne sont pris en compte.** Ce cas se retrouve souvent dans le lancement de services *on-line*, qui combinent des déficiences techniques avec un désintérêt pour ce que le produit pourrait apporter aux utilisateurs.

### Un outil de recrutement on-line mal pensé !

Il y a quelques années, une entreprise de haute technologie a fait l'acquisition d'un outil de recrutement on-line. L'implantation de ce nouveau système s'est faite au niveau mondial, sans consultation des principaux utilisateurs (les responsables du recrutement). Après quelques jours de mise en place, les utilisateurs européens se sont rendus compte que le système ne permettait pas de faire des sélections par... pays !

Le système était donc inutilisable dans les régions dites « multipays », et chacune d'entre elles s'est lancée dans le développement d'outils locaux.

- **Les deux scénarios suivants** (situés à droite) **font une large part à la prise en compte des intérêts des futurs utilisateurs :**
  - dans celui du bas, la priorité est donnée au client ;
  - dans celui du haut, il y a une combinaison entre les bénéfices pour le client et l'aspect technique du produit RH, qui peut se caractériser par des innovations majeures allant au-delà des attentes des clients, en les anticipant.

Il faut aller plus loin en mesurant un alignement entre l'utilité perçue par la fonction RH et le besoin réel exprimé par les futurs clients. Pour cela, il faut combiner deux attitudes : favoriser une approche visant à mettre en avant l'utilité et, si possible, partir d'une demande exprimée par le client.

## Mettre en avant l'utilité de la prestation RH

Le croisement entre le positionnement et la demande du client nous permet de proposer une matrice sur l'utilité du produit/service RH.

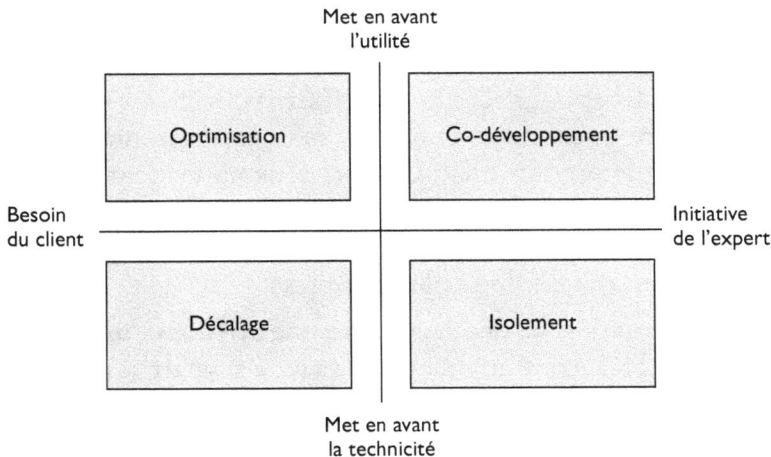

Figure 20 : l'utilité des prestations RH

Ce croisement entre l'utilité de la prestation RH et les attentes du client donne lieu à quatre situations bien différentes :

1. **L'optimisation**, situation idyllique, combine un besoin exprimé par le client (formalisé sous la forme d'avantages pour le client et non de caractéristiques produit) avec une démarche qui vise à favoriser la mise en application sur le terrain plutôt que la « beauté » technique. Dans ce cas, le *buy in* est facilité, et aussi bien le lancement du produit que son développement sont optimisés. En termes de marketing RH, nous disposons de nombreux atouts, et notamment un produit attendu par les clients, et construit en fonction d'une valeur d'usage forte.

   Pour atteindre cette dimension, les experts de la fonction RH doivent combiner plusieurs compétences et attitudes. Cela suppose que l'ensemble du processus de développement intègre des représentants des clients, mais aussi leur management. Nous ne parlons pas ici d'une implication « par la parole » (communication, réunions…) mais d'une implication par l'action (implication active dans le processus de développement et de mise en œuvre, animation, présence, investissement en temps, fixation d'objectifs ou de priorités).

   Au-delà du processus de développement, les experts RH doivent être assez matures pour accepter que les avis des clients soient pris en compte (non seulement entendus, mais écoutés), même en cas d'impact sur le produit final. Or, si cela paraît évident, la réalité opérationnelle montre que cette capacité à accepter le *feedback* n'est pas toujours bien intégrée et débouche ainsi sur le deuxième cas (décalage), qui est donc plus complexe.

2. **Dans une situation de décalage entre une attente et une réalisation**, la DRH a bien analysé son marché et part d'un besoin exprimé par le client, mais reste centrée sur une démarche technique. Si le besoin existe, la réponse n'est pas appropriée, trop complexe ou mal calibrée. Mais, parfois, la fonction RH doit prendre l'initiative et ne pas uniquement se référer aux attentes du client. En tant qu'acteur stratégique, elle doit aider l'organisation

à évoluer et donc – parfois – passer outre les attentes des clients pour proposer de nouveaux services ou de nouvelles prestations.

3. **La situation de co-développement** est associée aux projets de changement. Dans ce cas, l'initiative ne vient pas du client, mais de la DRH, qui anticipe des évolutions et prépare des produits qui permettront d'y faire face. Ce scénario demande des compétences différentes. En effet, le processus de développement devient plus complexe (peu d'attache avec les réalités du terrain, peu de support interne), et la phase de lancement s'avère délicate (le « produit » n'est pas attendu, voire le futur utilisateur est opposé à sa mise en place). En résumé, il s'agit de développer un produit, non attendu par les clients et de le lancer alors qu'il doit rencontrer au mieux l'ignorance, au pire le rejet.

Le marketing RH doit dans ce cas faire place au lobbying et aux stratégies d'influence. Mais la composante « avantage » n'en reste pas moins extrêmement importante. En effet, tout le succès réside dans la capacité des experts de la fonction RH à identifier les décideurs et à engager une stratégie de lobbying fondée sur les avantages que les *stakeholders* trouveront *pour eux* dans le lancement et la réussite du nouveau service RH. L'attention sera mise sur les capacités de négociation et d'influence, et devra faire la part belle à la phase préparation du lancement *via* une analyse du système de décision[1].

4. **Le cas de l'isolement** se caractérise par une initiative due à l'expert et reste uniquement centré sur la dimension technique. Cela s'avère être le pire des cas et se caractérise par un isolement de la fonction RH et par une approche uniquement technique, voire technocratique. Pourtant, les exemples sont nombreux de produits et de services RH lancés dans cet état d'esprit. Le plus souvent, il s'agit d'une erreur qui peut avoir deux origines : le complexe de supériorité et le complexe d'infériorité.

---

1. Voir Serge Panczuk (2006) *Ressources humaines pour la première fois*, Éditions d'Organisation, Paris.

**Le paradoxe du complexe d'infériorité
et de supériorité de la fonction RH**

Dans un complexe de supériorité, la fonction RH se considère comme celle
« qui sait », plus que comme celle qui répond à une attente et qui s'adapte
à un environnement. Elle est isolée dans sa tour d'ivoire, parfois trop proche
de la direction, et déconnectée du reste de l'entreprise dont elle ignore –
volontairement ou non – les attentes, voire l'état d'esprit. C'est donc le
syndrome d'une fonction arrogante et renfermée sur elle-même.

Dans un complexe d'infériorité, la fonction RH a peur d'aller vers le terrain
et de demander des avis ou des conseils. Elle se renferme sur elle-même
pour se protéger, et se réfugie derrière la dimension technique pour – soi-
disant – renforcer sa crédibilité. Bien sûr, c'est l'inverse qui se passe...

## Créer une dynamique de succès

Identifier les points de blocage, engager des négociations avec les
acteurs potentiellement opposés aux changements (par exemple, une
organisation syndicale, mais aussi des leaders d'opinion internes),
construire un plan de lancement qui permette de contourner les
éventuels verrous, mais aussi jouer avec le temps... telles sont les
différentes stratégies à la disposition de la DRH pour créer une dynamique, levier d'un véritable processus de bascule.

Il s'agit d'appuyer le lancement sur peu de clients, suffisamment
importants par leur place dans le processus de décision, et suffisamment visibles au reste de l'organisation. En d'autres termes, **l'objectif
est de créer une dynamique du succès, construit sur peu d'individus.**

Cette dynamique vise à créer des ralliements afin d'atteindre un
point de bascule où les opposants (en terme de pouvoir) sont moins
importants que les soutiens. Il s'agit alors de jouer sur des leaders
d'opinion pour créer une attente et y répondre par un produit
capable d'anticiper les besoins.

106

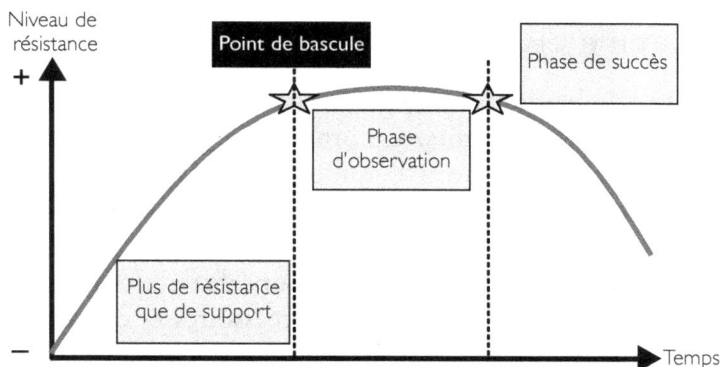

Figure 21 : le processus de bascule

La figure 21 identifie quatre phases :

1. **Dans la phase initiale, la résistance au changement** est forte. Au même moment, le lancement du produit s'effectue auprès de quelques clients internes, peu nombreux, mais ayant un fort pouvoir de « contagion positive ». Dans cette phase, il faut à la fois résister aux critiques – nombreuses –, mais aussi apporter un soutien de tous les instants aux premiers utilisateurs. Un échec de leur part signifierait la mort du produit.

2. **La deuxième phase est celle d'atteinte du premier point de bascule**, qui se caractérise par les premiers avis positifs des utilisateurs, mais aussi par une résistance qui ne se renforce plus.

3. **La troisième phase est une phase d'observation**, laissant libre cours à la mise en place, et qui – si elle est couronnée de succès – verra la résistance s'amoindrir, pour finalement ne plus représenter grand-chose.

4. **Le lancement est réussi et entre dans sa phase de mise en place à grande échelle** (au vu de la cible considérée).

## Un exemple de positionnement RH : un programme de formation des dirigeants

Une entreprise de haute technologie souhaite lancer un programme de formation de ses dirigeants. Ce programme s'adresse aux hauts potentiels et vise deux objectifs : préparer les leaders de demain (projection à cinq ans), mais aussi servir d'exemple au reste de l'organisation en montrant que des dirigeants se forment, et ainsi créer une dynamique positive par rapport aux questions de développement des salariés, jusqu'alors considérées comme accessoires et coûteuses par la plupart des dirigeants.

La problématique est donc la suivante :

- lancer un « produit RH » auprès d'une population curieuse, mais qui n'a pas exprimé de besoin ;
- engager des investissements lourds – qui peuvent paraître excessifs dans une organisation centrée sur la performance financière à court terme ;
- favoriser un processus d'apprentissage dans la durée (un programme long, par opposition à une culture du stage « miracle » de trois jours maximum) ;
- engager les membres du comité de direction dans le développement et la mise en œuvre en leur proposant de devenir des intervenants en charge d'études de cas.

Il s'agit donc bien d'un processus de changement, engagé par la DRH, sur la base d'une faible demande interne, notamment de la part des dirigeants. Ces derniers ne sont pas forcément des clients directs, mais ils possèdent un rôle clé dans le processus d'acceptation (comme la validation du budget).

Positionner le futur programme comme « un programme de formation » pour dirigeants n'est pas facile, car beaucoup de ces leaders considèrent qu'ils n'ont pas besoin de formation. Le positionner également comme « un programme pour donner l'exemple », début d'une démarche plus collective de mise en place

108

d'une organisation « apprenante », n'est pas plus efficace, car éloigné des réalités de l'entreprise. Enfin, parler de programme (investissement à long terme), par opposition à stage (court terme), aboutit aussi à l'échec, car les futurs participants ne mettent pas la formation en tête de leurs priorités et considèrent qu'un programme de plus de deux jours est déjà trop long. Il faut donc réfléchir au positionnement de ce programme, afin de le rendre attractif.

La fonction RH est engagée dans un grand processus de changement à la demande de la direction générale, et la plupart des produits qui composent son offre sont soit nouveaux, soit en cours d'évolution ou de refonte. Le programme évoqué s'inscrit donc dans cette dynamique de changement.

### Le programme de formation des dirigeants

**Il doit être :**

- haut de gamme (marque et niveau) ;
- centré sur le futur ;
- exigeant (on y travaille) et productif (« on y fait quelque chose ») ;
- impliquant (impact sur la carrière, qui permettait l'exposition aux dirigeants) ;
- inhabituel ;
- sélectif et distinctif ;
- centré sur les compétences et le potentiel (pour casser les barrières potentielles liées aux titres).

**Il ne doit pas être :**

- un programme de formation ;
- cheap ;
- classique ;
- seulement interne (en d'autres mots, il ne devait pas faire appel uniquement à des ressources internes) ;
- centré sur le titre (un programme pour les vice-présidents, pour les directeurs, etc.).

La cible initiale était clairement identifiée : il s'agissait des cadres dirigeants, membres du conseil de direction, ou ayant des responsabilités managériales ou commerciales importantes (directeur commercial, directeur de pays, directeur de site de production), soit, au total, une population d'environ deux cents à deux cent cinquante personnes.

L'analyse suivante a permis d'affiner cette cible. À la question de savoir ce qu'ils valorisaient, plusieurs éléments sont apparus :

- la reconnaissance (*via* la rémunération, le titre, mais aussi l'appartenance à une « famille ») ;
- la compétition (interne et externe) et, plus largement, le fait d'être constamment challengés ;
- la carrière (promotion interne, externe, fort accent mis sur la valeur sur le marché) ;
- l'excellence professionnelle (formation, performance reconnue et affichée) ;
- la dimension internationale (mobilité, projets multipays) ;
- l'exposition aux dirigeants de l'entreprise.

En matière de concurrence, certains de ces dirigeants participaient d'ores et déjà à des programmes de formation externe, au sein d'universités prestigieuses et qui leur permettaient d'enrichir leurs CV. Les ingrédients du positionnement étaient presque tous présents. La décision fut donc prise de positionner ce programme comme « une opportunité de travail sur le futur de l'industrie et de ses impacts sur notre organisation et notre style de leadership, à l'attention de hauts potentiels sélectionnés par le comité de direction et amenés à conduire des projets globaux ».

Le premier programme fit donc l'objet d'un important travail de marketing RH dérivé de ce positionnement. En effet, l'ensemble des composantes du marketing mix est impacté par le positionnement, que ce soit le prix (haut de gamme, donc « cher », et nécessitant un investissement en temps important), le mode de diffusion (exclusif, *via* les membres du comité de direction), ou la promotion (brochures haut de gamme, communication ciblée jouant sur la rareté). Le développement du produit avait lui aussi été fortement influencé par ce positionnement, avec le recours au partenariat des universités mondialement reconnues, un contenu inhabituel puisque prospectif (« dans cinq à dix ans »), des projets proposés par la direction générale et faisant l'objet d'une présentation formelle au comité de direction à la fin du programme et la mise en place d'un processus de sélection des participants.

Le positionnement est donc une façon de rendre attrayant le produit, de montrer qu'il « parle » aux futurs clients, mais aussi une façon de mettre en phase l'ensemble des autres composantes du marketing mix, le prix, la place et la promotion.

## Savoir définir son offre RH

| | | |
|---|---|---|
| **(Re)définir son offre de prestation RH** | **Vers une cartographie des prestations RH** | • La distinction entre produits RH et services RH est dans l'intangibilité et la nature obligatoire ou non de la prestation RH |
| | **Proposer une véritable offre de services RH** | • Le type de services RH identifiés (standard ou optionnel), il faut lui associer une population cible (préalablement identifiée) pour aboutir à une offre standardisée, ciblée ou nouvelle |
| | **Faire évoluer son offre de services RH** | • La DRH doit analyser les services proposés et se projeter dans l'avenir pour anticiper les évolutions : elle doit croiser les cibles (actuelles ou nouvelles) et les services (existants ou nouveaux) |
| | **La valeur ajoutée d'une offre de services** | • La VA dépend d'un alignement entre le degré d'innovation perçu par la DRH et le besoin exprimé par les clients |
| **Positionner et différencier son offre RH pour mieux vendre** | **Vendre un produit RH ou un service RH** | • Le marketing RH passe par la capacité à comprendre la nature des prestations proposées afin d'optimiser leur positionnement |
| | **Définir la gamme de produits et de services** | • Il faut différencier les produits RH par leur capacité à être substituables ou non, et être spécifiques ou généraux |
| | **Dépasser l'approche technique des prestations** | • Croiser la technicité du produit RH et la demande du client permet d'aboutir à une technisation, une erreur, une réponse aux attentes ou une anticipation |
| | **Mettre en avant l'utilité de la prestation RH** | • Croiser le positionnement et la demande du client renvoie à l'optimisation, le co-développement, le décalage et l'isolement |
| | **Créer une dynamique de succès** | • Il s'agit d'identifier les points de blocage, d'engager des négociations avec les acteurs potentiellement opposés aux changements et de contourner les éventuels verrous |

• • •

## Les fondements

La fonction RH doit apprendre à (se) vendre auprès de ses salariés et de tous les acteurs concernés par la prestation RH. Pour cela, elle doit analyser les produits RH ou services RH qu'elle propose. Il s'agit également de faire évoluer son offre RH.

## La nécessité

Une fonction RH trop centrée sur l'aspect *process* et technique sera souvent confrontée à ce type de problème, qui débouche sur une image négative de la fonction RH, enfermée dans sa tour d'ivoire et incapable de prendre en compte les attentes des clients. C'est ainsi que l'on a pu voir de superbes outils de définition et de mesure de compétences restés lettre morte, car bien conçus sur le papier, techniquement parfaits (définitions, niveaux, outils de mesure, *self assessment*, guides d'entretien…) mais inutilisés, car incompréhensibles, lourds et non adaptés au degré de maturité de l'entreprise au moment du lancement de ce *process*.

## La mise en œuvre

Cette réflexion s'effectue par le positionnement de son offre RH. Le positionnement est le choix d'une stratégie marketing permettant de donner à une offre (produit, marque ou enseigne) une position crédible, différente et attractive au sein d'un marché. Il s'agit ainsi de mieux vendre en s'interrogeant sur son offre et en définissant sa gamme de produits RH et de services RH. L'offre globale doit effectivement « parler » aux clients : trop de technicisation tue la pertinence de la prestation, et vouloir trop répondre aux attentes tue l'innovation. Il est également nécessaire d'être attentif à l'utilité de l'offre de l'entreprise.

# 4

# Fixer le prix d'une prestation RH

La prise de pouvoir des financiers dans les entreprises, au détriment des industriels, met au premier plan les débats liés aux investissements en matière RH, et plus généralement ceux sur l'impact des coûts SG & A (*Selling, General & Administrative*) sur le résultat final de l'entreprise, à savoir le *net profit*.

Les exigences des marchés financiers ont plusieurs impacts – directs ou indirects – sur les fonctions dites « support » et la façon de les gérer. En effet, la recherche de la profitabilité maximale, souvent à court terme (résultats trimestriels), associée à des contraintes de plus en plus importantes, met la fonction RH dans l'obligation de renforcer sa capacité à « parler chiffres » et de participer aux débats stratégiques liés aux investissements.

Beaucoup de lecteurs penseront qu'il n'y a là rien de nouveau : nous sommes dans le débat récurrent du retour sur investissement des prestations RH. Cette question hante les esprits des DRH depuis déjà de nombreuses années, sans pour autant apporter une réponse claire ou un processus permettant de calculer facilement le ROI (*Return On Investment*)[1]. Cependant, ce ROI s'inscrit dans le cadre

---

1. L'ouvrage de Jac Fitz-enz, *The ROI of Human Capital*, propose une réflexion stimulante sur la question du retour sur investissement de capital humain.

d'une démarche purement financière, et, en se concentrant sur l'investissement (ou le coût), il empêche le développement d'une vraie négociation, au cœur du marketing RH.

Nous sommes au centre d'une situation paradoxale, entre, d'une part, une fonction finance – perçue comme l'une des fonctions les plus prégnantes – évoluant dans un environnement tangible, à court terme, et, d'autre part, la démarche plus intangible et orientée long terme des RH. Ce paradoxe peut engendrer une incompréhension, voire un risque d'opposition.

**Associer prix et ressources humaines constitue un moyen évident de donner du pouvoir à la fonction RH.** Mais la DRH reste trop souvent exclue de la table des négociations, car souvent assimilée à un service « public » sans valeur ajoutée, dénuée de tout sens de responsabilité financière ou de priorité opérationnelle, et notamment commerciale. Pourtant, la réussite d'une entreprise dépend de la capacité de ces deux fonctions à collaborer et à s'associer dans le court et le long terme. Pour initier ce mouvement de rapprochement, **la fonction RH doit donc rendre ses prestations plus visibles et plus quantifiables.** Si des essais ont d'ores et déjà été amorcés par le *HR scorecard*[1] ou encore le prisme de la performance[2], le marketing RH permet également d'arriver à une véritable cohérence stratégique.

Nous souhaitons ici dépasser le cadre de cette discussion qui se résumerait à débattre sur le pouvoir de la fonction RH. Ce chapitre sur le prix entre véritablement dans le vif du sujet en matière de marketing RH ; en quoi cette dimension prix est-elle indispensable ? Comment définir et utiliser le prix ? Dans quelles mesures une démarche orientée clients a tout à gagner d'une démarche visant à valoriser le prix des prestations RH ?

---

1. Voir Brian B. Becker, Mark A. Huselid, Dave Ulrich, *The HR Scorecard, op. cit.*
2. Pour Andy Neely, Chris Adams et Mike Kennerley (*The Performance Prism*), il est essentiel de mesurer l'ensemble des relations que l'entreprise genère avec toutes ses parties prenantes.

# Comprendre les enjeux associés au prix

**L'objectif n'est pas de déterminer un prix
avec le même niveau d'acuité que pour un « véritable »
produit, mais d'engager une démarche d'analyse de
la valeur intégrée dans un processus de marketing RH.**

Réfléchir au prix pour une prestation RH équivaut à se poser des questions fondamentales sur les composantes du prix, la perception de celui-ci ou son positionnement : par exemple, ce prix est-il aligné avec les pratiques du marché ? Si son prix est supérieur, comment le justifier ?[1]

## Les composantes du prix

Le prix est généralement défini comme un montant monétaire échangé contre un bien ou un service lors d'un achat ou d'une vente. Mais, s'agissant du prix d'une prestation RH, cette définition n'est pas sans poser des difficultés. Étudions plutôt les trois éléments principaux auxquels renvoie cette définition : le montant monétaire, l'échange et l'acte d'achat.

- **Un montant monétaire** : dans le cadre d'une prestation RH, cette notion de « montant monétaire » doit être enrichie. En effet, elle est *de facto* associée à des notions plus larges, telles que les coûts, le budget, ou encore le retour sur investissement.

- **Un échange** : dans le cas des prestations RH, il y a échange, même si cette « transaction » n'est pas toujours formalisée, ou si l'acheteur n'a pas conscience de cette transaction. Notons ainsi que la plupart des services RH sont naturellement mis à la disposition des salariés, et ce, gratuitement, ces derniers n'ayant pas l'impression d'être impliqués dans une transaction…

---

1. Telles sont les questions de bases posées dans l'ouvrage de Robert Dolan et Hermane Simon sur le *Power Pricing*, c'est-à-dire les techniques de prix.

- **Un acte d'achat** : il s'agit ici, avant tout, d'une volonté et d'un processus. Les prestations RH fournies par la DRH font-elles l'objet d'un acte d'achat particulier ? La réponse est souvent non, ou, du moins, celles-ci ne font pas l'objet d'un processus clair et formalisé.

Pour bien comprendre les tenants et les aboutissants du prix d'une prestation RH, il convient d'aller plus loin dans la (dé)composition du prix. Reprenons ainsi les trois éléments pris en compte habituellement en marketing dans la détermination du prix : la demande, les coûts et la concurrence :

- Appliquée au marketing RH, **la demande** est mesurée par la fonction RH qui effectue des enquêtes auprès des futures cibles, ou des actuels clients afin de connaître leur sensibilité au prix. **Le prix n'a pas uniquement une dimension financière, mais doit aussi reprendre des critères liés à la mise en place ou à l'usage de la prestation.** Par exemple, l'utilisation d'un système de management des rémunérations *on-line* fait-il gagner ou au contraire perdre du temps (perte d'efficacité sur ce critère, mais peut-être gain sur d'autres) ?

- Le développement et la mise en place des prestations RH induisent des **coûts** de diverses natures :

    - **des coûts de développement relatifs à la conception du produit** : il s'agit des coûts externes (recours à des consultants) ou coûts internes (frais de fonctionnement d'un groupe projet – les frais de réunions, de formation du groupe projet, etc.). À cela peuvent s'ajouter les éventuelles refacturations internes venant d'autres services pour des prestations techniques (coûts informatiques) ou humaines (détachement de personnel) ;

    - **des coûts de mise en œuvre (initiaux) relatifs au lancement de la prestation RH.** Ils peuvent être financiers (promotion, matériel de formation, phases de test ou pilotes), ou intégrer d'autres variables comme le temps passé par des managers à (in)former leurs équipes sur ce nouvel outil ;

- **des coûts de fonctionnement** : si le service RH est une prestation récurrente, il faut intégrer des frais liés à la maintenance
  et à l'utilisation de cette prestation (les coûts de connexion à
  distance pour des vendeurs en déplacement qui se connecte-
  ront à un système de e-HR).

- Le dernier élément à prendre en compte est l'existence ou non
  d'une **concurrence**, et la volonté d'y faire face ou de s'en démarquer. **Dans le cadre des prestations RH, la concurrence est
  dense, parfois peu visible (inconnue ou ignorée) ou peu lisible
  (ses intentions ne sont pas claires).** Ces concurrents peuvent être
  des prestataires externes mais aussi des structures internes :

  - **les prestataires externes** (dans le cadre d'une prestation déve-
    loppée en interne) sont les organismes de formation, les
    universités, les sociétés informatiques, les consultants, etc. Ces
    prestataires ont une démarche prix bien structurée qui répond
    parfaitement aux attentes du marché. Les services de la DRH
    doivent donc être à même de proposer une démarche iden-
    tique, permettant une comparaison réelle et globale de l'offre ;

  - **les structures internes** : dans certaines organisations, les pres-
    tations RH sont proposées par plusieurs entités, elles-mêmes
    en concurrence. L'entité qui proposera la démarche prix la
    mieux structurée est celle qui se retrouvera dans la meilleure
    situation.

Le prix d'une prestation RH possède une particularité. Dans la
grande majorité des cas, la prestation est délivrée à un individu, mais
son « paiement » est effectué par un tiers. En l'occurrence, le prix
implique *de facto* différents acteurs.

## Une relation tripartite autour du prix

La notion de prix est fortement liée à celle de payeur. Le payeur (ou
acheteur) est celui qui va engager le processus de paiement. Toutefois, dans le cas d'une prestation RH, le payeur n'est pas toujours
l'utilisateur. Par conséquent, cette séparation des rôles de bénéficiaire

et de financeur accroît les difficultés, notamment en matière de négociation du prix.

Tout processus d'achat mobilise trois acteurs : celui qui définit le prix (la fonction RH, à l'origine de la prestation RH), celui qui va utiliser la prestation (l'utilisateur, c'est-à-dire les salariés ciblés, les clients externes ciblés) et celui qui va la payer, ou la financer (la direction). Initialement, le prix est utile à seulement deux des acteurs : au développeur (pour valoriser son action, la quantifier financièrement et pour négocier) et au payeur (pour comparer, négocier et évaluer). À noter que le troisième acteur du processus d'achat (l'utilisateur) n'est pas impliqué dans la transaction. Le prix de la prestation RH lui a souvent été caché. Combien de salariés connaissent le prix réel d'un bulletin de paie et de son traitement, ou le prix d'une séance de formation interne ou du processus d'élaboration d'un plan de formation ? En apparence, cela n'a aucun intérêt. Et pourtant…

**En divulguant son prix, la prestation RH est alors valorisée et non considérée comme un dû.** L'utilisateur se sent ainsi responsabilisé et impliqué, et sent qu'il participe directement à son développement, à son amélioration ou à son efficacité.

> **Le prix est un facteur de motivation et d'implication, il ne doit donc pas être considéré uniquement comme source d'intérêt. Il est aussi un moyen de peser dans la négociation.**

Dans la majorité des cas, le poids du payeur reste supérieur à celui de l'utilisateur (*cf.* figure 22). Dans la plupart des cas, la négociation se passe entre le payeur (la direction) et le vendeur (la fonction RH). En effet, le pouvoir de négociation étant directement détenu par le payeur, son influence sur le développement et la mise en œuvre de la prestation est critique. Le poids de l'utilisateur reste, quant à lui, encore relativement limité. La question est simple : dans ce processus de définition des prix – et de négociation – qui est donc le client ? La réponse est beaucoup plus complexe.

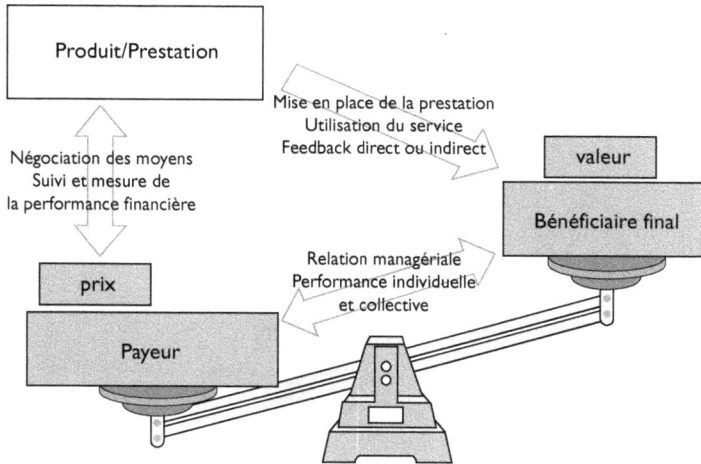

Figure 22 : le poids du payeur

La relation tripartite autour du prix engage trois types de relations d'acteurs. La relation entre le « vendeur » et le payeur est une relation directe, fondée sur des critères financiers, et avec un objectif de performance globale. La relation entre le vendeur et le client final est plus une relation de mise à disposition : le rôle principal du client final reste la mise en œuvre, l'utilisation, mais également le retour d'expérience en vue d'améliorer la prestation ou le service. La relation entre le payeur et l'utilisateur est quant à elle plus complexe et prend plusieurs formes :

- **Dans de nombreux cas, le payeur – ou du moins celui qui approuve l'opération – occupe aussi une responsabilité de management** ; tout le jeu consistera donc à faire entrer dans ce processus les futurs utilisateurs, en leur faisant jouer le rôle « d'influenceurs », permettant – si le besoin se fait sentir – de rééquilibrer le processus de négociation.

- **Parfois le payeur est assimilé au vendeur,** dans le cas notamment de services HR globaux, pris en charge directement sur le budget de la fonction RH soit localement, soit globalement – en fonction des règles financières appliquées dans l'entreprise. La démarche prix et négociation devra cibler principalement un payeur (souvent le directeur financier) dans le cadre d'une approche plus large, qui regroupera plusieurs prestations.

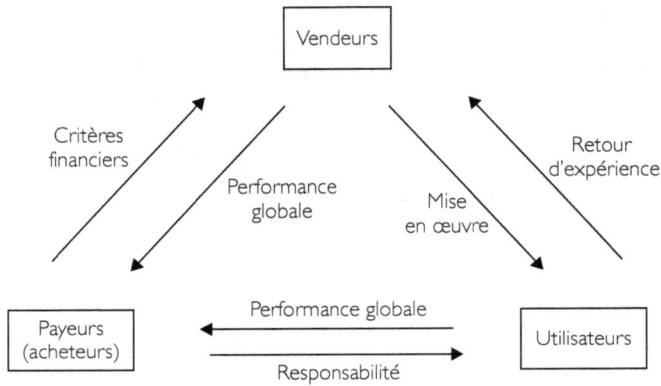

Figure 23 : la relation tripartite autour du prix

Dans chacune de ces deux situations une démarche marketing RH (impliquant le prix) montre tout son intérêt.

> **La démarche marketing RH permet d'appuyer sa crédibilité sur des chiffres, de faire entrer dans la discussion non seulement des coûts directs (développement, achats, *software*, matériel...), mais aussi des coûts indirects (temps, immobilisation) et des avantages indirects (engagement, motivation, rétention...).**

## Positionner son prix par rapport au positionnement du produit

Ce prix correspond-il au positionnement de la prestation ? La stratégie de prix est un élément clé d'un marketing RH efficace. Philip Kotler définit trois positionnements de prix différents :

122

- **Le prix de pénétration** : il consiste à proposer un prix inférieur à la concurrence. L'objectif est d'augmenter le volume de vente du produit, et donc la part de marché.

- **Le prix d'écrémage** : le prix proposé est relativement élevé et cible des segments de clientèle particuliers. Il n'est possible qu'en proposant des produits fortement différenciés ou des nouveaux produits.

- **Le prix évolutif** : il combine les deux stratégies précédemment évoquées. L'innovation permet dans un premier temps de pratiquer un prix d'écrémage. Par contre dès que l'innovation produit disparaît, on réalignera le prix à la baisse pour protéger son investissement et rester compétitif.

Comment peut-on appliquer ces différentes approches aux prestations ressources humaines ? Nous avons vu dans le chapitre 3 que le positionnement était un élément clé. Nous avions identifié quatre catégories en fonction de la substitution possible de la prestation et de la cible visée. À chacune de ces quatre catégories correspond également-ment un positionnement prix (*cf.* figure 24) :

1. **La prestation sur mesure** s'apparente au très haut de gamme réservé à un nombre de personnes restreint. Le prix est un des éléments de différenciation et il participe à l'image de marque du produit. La justification du prix élevé se situe dans l'incapacité à trouver une prestation identique et aussi sophistiquée sur le marché (*via* des prestataires extérieurs). Même le client s'attend ici à un prix élevé, qui est bien souvent considéré comme un gage de qualité.

2. **Dans le cadre d'une prestation haut de gamme**, la différence se fera *via* la capacité de substitution avec l'offre proposée par d'autres prestataires.

### Stage pour cadres dirigeants

Un stage de management pour des cadres dirigeants développé en interne et positionné en haut de gamme, mais restant classique dans ses contenus, sera comparé avec une prestation similaire proposée par un organisme extérieur réputé et disposant d'une image de marque équivalente. La discussion ne se fera pas sur le « moins cher » mais portera plus sur du « même prix ».

3. **Dans le cas du service de grande consommation**, les éléments de différenciation sont faibles, et le produit plutôt grand public. La compétition sur les prix sera plus forte, due à une capacité de différenciation et une masse de personnes visées plus élevée. Se pose alors la question classique de l'*outsourcing* et de la fourniture de cette prestation par un partenaire extérieur moins cher.

4. **Le dernier cas est apparenté à celui des services publics**, où le prix n'est pas aussi visible ou est considéré comme un élément constitutif du marketing mix RH. Pourtant, la discussion portera sur des budgets et fera l'objet de négociations sur l'éventuel recours à des prestataires extérieurs : la dimension prix sera critique pour justifier le maintien de la prestation en interne.

### Le cas des voitures de fonction

Une entreprise propose des voitures de fonction à ses vendeurs et à ses cadres. À l'origine, la gestion du parc de voitures, traitée en interne, était du domaine de la fonction RH. Choix des véhicules, recherche de la meilleure offre, contact avec le futur client, contact avec les prestataires, tout passait par un service interne. Ce service était fortement apprécié, mais son prix, lui, mal estimé. Seul le montant du leasing était alors pris en compte…

Une analyse de la valeur a permis de démontrer que le coût additionnel interne était de près de 20 % (calculé sur la base du temps passé à gérer les dossiers, l'impact sur d'autres activités ou sur l'organisation). Le prix réel de la prestation était donc de 20 % supérieur (en moyenne). La seconde phase a été de comparer le prix de la prestation avec les propositions externes, et

124

de choisir l'externalisation. L'impact a été financièrement positif, mais s'est accompagné d'un exercice de vente interne : il s'agissait effectivement de montrer que le recours à l'externe ne pénalisait pas la qualité et allait plutôt apporter plus de consistance à l'entreprise.

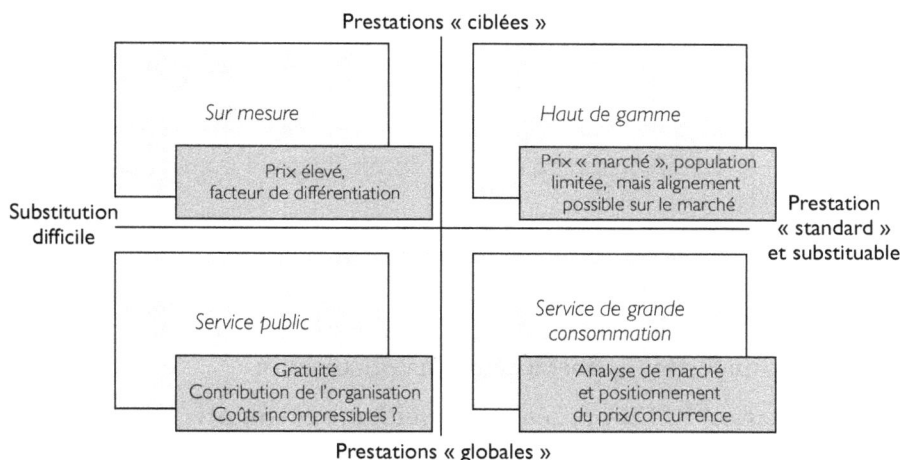

Prestations « ciblées »

| Sur mesure | Haut de gamme |
|---|---|
| Prix élevé, facteur de différentiation | Prix « marché », population limitée, mais alignement possible sur le marché |

Substitution difficile — — — — — — — — — — — — — — — — — — — Prestation « standard » et substituable

| Service public | Service de grande consommation |
|---|---|
| Gratuité Contribution de l'organisation Coûts incompressibles ? | Analyse de marché et positionnement du prix/concurrence |

Prestations « globales »

Figure 24 : un prix en ligne avec un positionnement produit

**Il est donc indispensable de définir un prix en ligne avec le positionnement produit.** La démarche de départ ne doit pas être alors une approche « budget », mais bien une approche « prix », intégrée dans le marketing mix RH.

## Positionner son prix par rapport à la concurrence

Il s'agit clairement de définir la proposition de la DRH par rapport à celle de ses concurrents (prestataires internes et externes) afin de lui permettre de gagner en performance. La DRH va donc devoir positionner son produit en termes de rapport qualité/prix. La figure 25 identifie neuf possibilités et montre comment l'argument « prix » peut ou ne peut pas être utilisé dans un cadre concurrentiel.

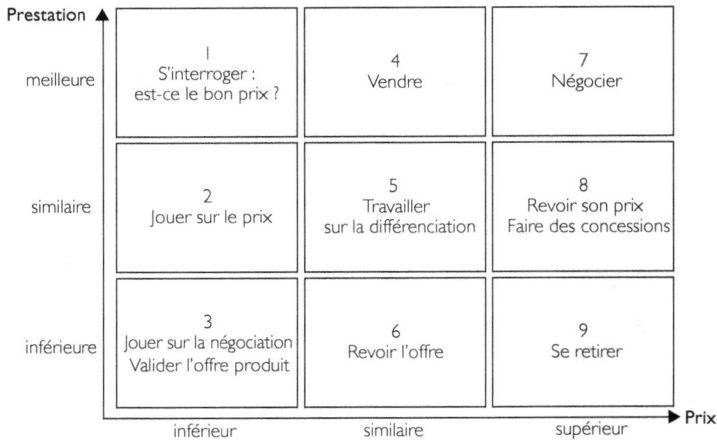

Figure 25 : comparer le prix avec la concurrence

Les neuf scénarios dépendent de la façon dont le prix et la prestation sont positionnés par rapport à ceux du concurrent :

1. **La prestation RH proposée est la meilleure et son prix reste inférieur à la concurrence.** Il convient alors de se poser la question du travail réalisé sur le prix. Soit le choix était volontairement de faire mieux, moins cher, pour éviter – ou remporter – la négociation, soit il s'agit d'une erreur d'analyse ou d'une surestimation des capacités d'un concurrent potentiel à proposer un bon prix. Le risque est de faire très tôt des concessions qui puissent se répercuter à terme sur la prestation et générer des coûts cachés.

2. **Le prix est meilleur, mais la prestation reste identique à la concurrence.** Dans ce cas, le prix sera au centre de la bataille, sans pour autant que l'on renonce à évoquer les avantages du produit pour consolider la négociation.

3. **Le prix reste inférieur à celui de la concurrence, mais la prestation est moins bonne** (qualité, perception, image). Tout dépendra du besoin exprimé par le client et de sa capacité à accepter une offre « dégradée ». Soit le ratio prix/produit peut être justifié (le produit est moins bon, mais reste acceptable) et les

126

économies réalisées sont assez importantes pour peser dans la balance, soit il faudra revoir l'offre, au risque de le faire avec un périmètre prix constant (puisque déjà annoncé).

4. **La prestation est meilleure que la concurrence à prix identique.** Il faut donc vendre et mettre en avant la meilleure adéquation entre la prestation et le besoin des clients. Ce cas de figure est plutôt simple, l'entreprise favorisant souvent dans ce cas l'option interne.

5. **La prestation et le prix sont identiques à ceux de la concurrence.** Le travail de fond du marketing RH pourra faire émerger une différenciation par rapport à la concurrence. C'est dans ce cas que le marketing RH et sa capacité à apporter une réponse globale constituent un avantage concurrentiel.

6. **Le rapport qualité/prix joue en défaveur de la prestation de la DRH** et il faut trouver soit une façon de justifier le prix, soit retravailler sur la prestation.

7. **La négociation est ici un exercice intéressant puisqu'il faut expliquer un prix supérieur pour une qualité de prestation également meilleure.** Le marketing RH joue ici pleinement, en permettant de basculer régulièrement de la discussion prix sur la qualité du produit, et donc de compter aussi sur le soutien direct ou indirect des futurs clients.

8. et 9. **Le prix devient, dans ces deux cas, critique**, et le recours à la phase de vente (mise en avant de la qualité de la prestation) est plus que limité. La pression est telle qu'elle peut amener à opter pour l'option concurrente et à accepter d'externaliser tout ou partie de la prestation RH.

Toute comparaison avec la concurrence pour une même prestation RH nous amène également à évoquer la différenciation par le prix. Un prix inférieur ou similaire à la concurrence peut être volontaire ; et les critères de différenciation sont nombreux en termes de prix. Parmi les plus courants, on distingue les critères liés aux caractéristiques du client (selon la segmentation qui a préalablement été opérée), à l'offre du service (niveau du service, nombre de services, etc.) ou encore à son utilisation (en termes de temps et de volume).

## La perception du prix

Quelle est la crédibilité de ce prix par rapport à la cible ? Ce prix « parle-t-il » à la population ciblée ? Une prestation informatique de base (par exemple, un système de gestion de performance *on-line*), dont le prix individuel est fixé à 100 euros/mois par salarié utilisateur, peut paraître très chère au vu d'un salaire moyen.

> **Il convient d'analyser la sensibilité aux prix qui représente la façon dont le client pourra réagir à l'énoncé d'un prix.**

La perception du prix d'une prestation variera en fonction de plusieurs facteurs :

- **La proximité avec le service, ou l'intérêt pour la prestation :** il s'agit d'un des principaux éléments qui influencera la perception du prix. Pour l'utilisateur, il s'agit de (sa)voir en quoi la prestation proposée peut l'intéresser personnellement et en quoi il peut – ou non – en bénéficier. Le bénéfice peut être direct (pour l'utilisateur), mais aussi étendu (pour son équipe) ou global (pour l'organisation). Cette dimension est importante parce qu'elle définit l'implication du client dans la négociation, et son intérêt – ou non – à voir la prestation proposée. Elle prend donc aussi en compte les dimensions liées à l'image de marque ou les caractéristiques techniques de la prestation.

- **Le poids du prix de la prestation dans le budget global géré.** Le dernier élément à intégrer dans le processus est bien sûr lié au montant impliqué, et son importance dans le budget total géré par le payeur. Plus ce montant est conséquent, plus l'attention portée au prix sera importante. Ceci aura donc une conséquence directe sur la négociation qui sera probablement plus complète (plus d'éléments à prendre en compte) et plus longue.

- **La capacité à choisir et le degré d'implication dans le paiement** sont deux critères importants, et plus particulièrement dans l'environnement des prestations RH. Il s'agit d'analyser dans ce cas la relation entre la possibilité ou non d'influencer directement le choix d'une prestation (un programme de formation plutôt qu'un autre, un prestataire extérieur, un système de gestion des vacances…) et/ou de contribuer financièrement à son développement ou à sa mise en œuvre (prise en charge du prix par un budget local, et non pas par un budget global). La figure 26 reprend ces deux critères et identifie plusieurs cas :

  — **la prestation invisible**, ni choisie, ni payée. Il s'agit des services publics de la fonction RH. La notion de prix n'est importante que dans le cas de discussions budgétaires avec « l'autorité de tutelle » qui doit décider des allocations budgétaires ;

  — **le droit acquis** : à la différence du premier scénario, l'utilisateur final participe aux choix, mais pas au financement. Dans de nombreuses situations, il s'agit d'un droit acquis (par exemple, le droit à la formation), encadré légalement ou intégré dans la politique RH. La notion de prix reste très relative, mais peut toutefois permettre de responsabiliser et d'orienter le choix ;

  — **l'imposition** : pas de pouvoir de choix, mais une contribution financière. Il arrive effectivement que des prestations RH soient décidées par une fonction centrale et assumées financièrement par des unités opérationnelles. L'exercice principal sera alors de faire accepter le prix par une phase de vente solide et argumentée, voire par une phase de test et d'implication dans le processus de mise en œuvre ;

  — **l'acte d'achat** : ce dernier intègre à la fois un pouvoir de choix et une contribution financière. Il s'agit donc réellement d'un acte d'achat, mettant en contact direct un vendeur (la fonction ressources humaines) et un ou plusieurs acheteurs (unité opérationnelle, salarié, voire candidat). Le rôle du marketing

RH est alors de supporter la vente et de permettre au vendeur de convaincre l'acheteur en jouant sur le mix entre produit, prix et promotion.

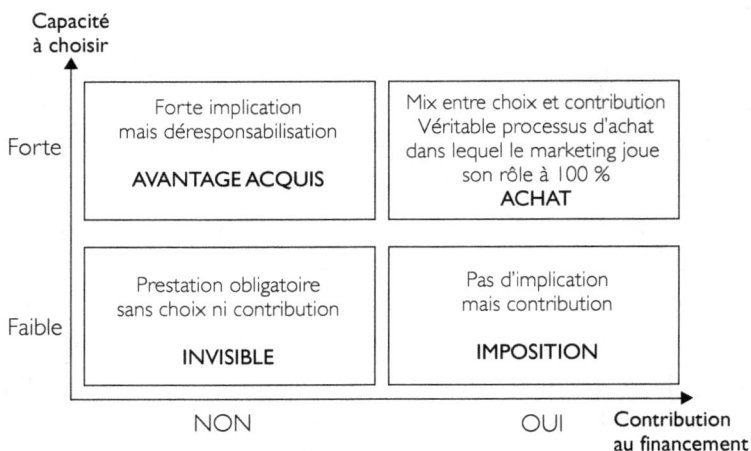

Figure 26 : choix et contribution au paiement

Quelle qualité pour quel prix ? Les prestations RH s'inscrivent le plus souvent dans la durée et nécessitent un effort de maintenance. Un des éléments à prendre en compte dans le calcul du prix est donc le maintien de la qualité tout au long de la prestation du service. En tirant les prix trop bas, la fonction RH risque d'avoir recours à des prestations de moindre qualité, et donc potentiellement génératrices de coûts supplémentaires à long terme.

### Acquérir un logiciel de gestion des candidatures *on-line*

Une entreprise décide de s'équiper d'un logiciel de gestion des candidatures *on-line*. Pour des raisons financières, le choix se porte sur un prestataire nouveau sur le marché, proposant une solution à faible prix, et quasi impossible à customiser. Le choix paraît adapté aux besoins de l'entreprise à ce moment précis.

La forte croissance de l'entreprise – qui avait été évoquée au moment de l'achat – rend rapidement le logiciel caduc, du fait de sa complexité, mais aussi de son incapacité à évoluer. De plus, la société qui l'avait développé se fait racheter au bout de quelques mois, amenant donc le produit à ne plus être maintenu. Le résultat fut simple : une prestation de piètre qualité, rapidement dépassée et génératrice de coûts supplémentaires suite à la migration sur un nouveau système plus puissant.

## Une démarche d'analyse du prix est également prospective.

Faut-il chercher à faire du profit ? C'est une des grandes questions qui sous-tendent une réflexion sur les prix. En effet, le prix peut aussi intégrer une marge, à savoir un objectif de profit. Ceci peut paraître inutile ou déplacé dans un contexte de prestations RH, et pourtant cela existe dans certains cas.

### Une université d'entreprise comme centre de profit

Une université d'entreprise s'est créée il y a plus de vingt ans sur un modèle qui a fait recette depuis : celui du centre de profit.

La volonté était de donner à cette structure un statut juridique lui permettant de se développer et d'offrir aux dirigeants de l'entreprise des séminaires de formation et de développement qui soient parmi les meilleurs sur le marché. Une des façons d'atteindre l'excellence était de mettre cette structure dans une situation concurrentielle, mais aussi de lui donner – via son statut – les moyens de répondre à la concurrence. Les clients cibles étaient alors clairement identifiés : les dirigeants et des talents venant de fonctions clés (finance, stratégie, certains métiers commerciaux).

La stratégie produit était de proposer des prestations uniques, tant par leur image interne (liée à une promotion, un statut), que par l'implication des dirigeants du groupe (dans l'animation du programme), ou d'experts de renommée mondiale, le tout soudé par un processus de développement et de sélection dirigé par le comité de direction, ou certains de ses membres.

Pour maintenir le niveau, cette université d'entreprise devait aussi disposer de ressources, et donc générer ses propres capacités d'autofinancement. Il ne s'agissait pas là de faire du « profit », mais plutôt de contribuer au développement de cette structure en maintenant une stratégie de prix d'écrémage permettant toutefois de dégager des recettes immédiatement réinvesties dans les programmes.

Faut-il justifier pour autant son prix ? C'est une des raisons d'être principale du prix. En effet, le prix est un des éléments de base de la négociation. La meilleure façon de gérer une négociation est de contrebalancer les discussions sur le prix par la démonstration de la valeur du produit et de sa capacité à répondre aux attentes de chacun des clients identifiés. Le travail sur le prix est donc fondamental, car il doit permettre de préparer cette phase en validant constamment le lien entre prix et avantages.

# Négocier

Le marketing RH a pour rôle de préparer et d'appuyer les stratégies de négociation efficace. Le tout étant de donner du pouvoir aux représentants de la fonction ressources humaines dans le cadre des discussions budgétaires.

## Le pouvoir de la négociation

Tout expert de la négociation fait une différence importante entre la vente et la négociation. La vente s'articule autour de clients et se fonde sur les notions de produits, d'avantages, ou encore de besoins. La négociation s'appuie, quant à elle, sur la vente, pour essayer de trouver un accord sur les conditions de mise en œuvre d'une prestation, ou d'achat d'un produit.

La négociation ne peut donc porter ses fruits que si elle est renforcée par des arguments « clients » et « produits ». En privant la DRH de sa capacité à vendre, une démarche uniquement financière

132

l'empêche en fait de négocier efficacement. Là encore, la seule façon d'éviter le piège – ou de s'en sortir le mieux possible – est **d'engager une démarche marketing RH complète qui associe le prix *et* le produit, et qui fasse entrer le client dans les débats budgétaires.**

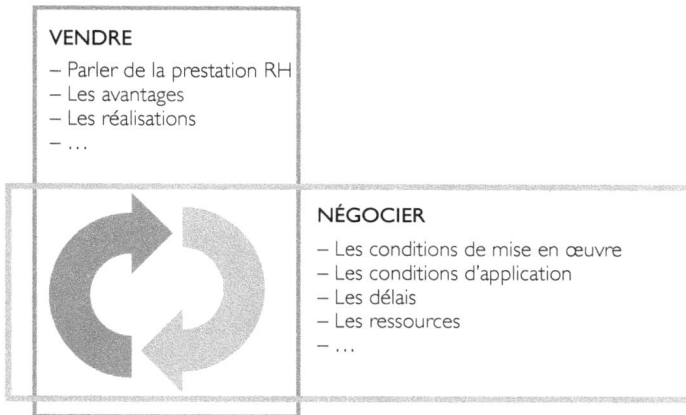

**VENDRE**
– Parler de la prestation RH
– Les avantages
– Les réalisations
– …

**NÉGOCIER**
– Les conditions de mise en œuvre
– Les conditions d'application
– Les délais
– Les ressources
– …

Figure 27 : le marketing RH au service de la négociation

La vente et la négociation fonctionnent en binôme, à savoir que l'une ne va pas sans l'autre. En effet, quel que soit le produit, si celui-ci est bien vendu (donc s'il répond à un besoin du client *via* des avantages clairement identifiés et compris), la négociation sera d'autant plus facile. Nous avons tous, un jour, voulu acheter vraiment un produit qui dépassait notre budget. Combien de stratagèmes ont-ils alors été nécessaires pour (se) convaincre que ce produit était finalement le mieux et qu'il justifiait un « petit sacrifice »… ?

### Un programme de formation de hauts potentiels à tout prix

Nous donnions dans les pages précédentes l'exemple d'un programme de formation pour des hauts potentiels au sein d'une entreprise du secteur de la santé. La discussion sur le prix de cette prestation a également donné lieu à de nombreuses passes d'armes.

La demande initiale portait sur un budget – conséquent – de près de EUR 700 000, budget qui fût rapidement remis en cause par le comité d'investissement de l'entreprise. À noter que cette demande faisait partie d'un budget global de people development et n'avait pas fait l'objet d'une démarche d'analyse de prix plus approfondie.

Plusieurs critères furent alors utilisés pour affiner la demande :

- les coûts de développements ;
- les coûts de mise en œuvre (globaux et individuels) ;
- le système de financement (une partie sur le budget central, une partie par les unités opérationnelles) ;
- les prix de la concurrence (programmes de durée équivalente prodigués par des institutions de notoriété équivalente) ;
- les coûts/gains induits (coût de recrutement d'un cadre supérieur de niveau équivalent, réduction du turnover, communication interne et externe : impact sur le recrutement – opportunité d'image).

La démarche prix/produit s'étoffait, quant à elle, en intégrant des informations sur :

- les programmes des entreprises concurrentes ;
- les attentes des clients (utilisation d'informations issues des enquêtes internes et d'un benchmarking externe) ;
- les attentes des membres du comité de direction *via* la conduite d'entretiens individuels qualitatifs ;
- et, bien sûr, les contenus, les intervenants potentiels, la structure pédagogique et le ciblage des participants.

Cette entreprise n'étant pas localisée en France, elle ne disposait d'aucune obligation légale de formation. À ce titre, le prix n'intégrait pas les coûts liés aux salaires et au temps passé en formation.

La seconde discussion budgétaire fut liée à ce programme qui représentait un investissement lourd. Au lieu d'entrer directement dans la discussion sur le ROI, la première partie de la présentation se centra sur :

- le programme possible ;
- les intervenants clés (présents dans la salle ou *via* une conférence audiovisuelle) ;
- le positionnement de ce programme dans le cadre de la politique RH ;

- ses impacts sur la rétention à court terme (chiffrable) et la préparation des successeurs des dirigeants (comparaison des coûts de développement interne *vs* coûts de recrutement externes).

Le programme ainsi présenté devait avoir les attributs suivants :

- accès limité (sélection, suivi) ;
- exclusivité (image, communication) ;
- programme développé sur mesure et aux contenus innovants ;
- international (dans sa composition et sa mise en œuvre).

Le budget accepté dépassa celui initialement demandé, mais la contrepartie logique fut d'intégrer des mesures particulières (taux de promotions dans l'année suivant le programme, taux de performance des participants *vs* la moyenne – *Balanced Scorecard* –, taux de turnover).

Dans cet exemple, la démarche prix a permis de rendre plus concrètes les demandes financières, se traduisant également par une capacité accrue de négociation, intégrant à la fois sur le produit (le contenu, la durée, le nombre et le type d'intervenants – profil, notoriété –, le processus de sélection ou l'implication d'intervenants internes), ou encore le prix (lieu, type d'hébergement, ratio d'intervenants internes/externes…).

**La démarche prix n'est pas une approche figée,
elle n'est en fait qu'un moyen de renforcer les capacités
de négociation des responsables de la fonction RH.**

## Le prix, un outil au service de la négociation

La démarche prix n'est pas une démarche mercantile mais de crédibilité et de reconnaissance de la valeur des actions réalisées par une fonction RH.

**Il s'agit d'un changement de culture et d'attitude
de la part des professionnels de la fonction RH.**

Parler de prix n'a aucun intérêt si cette discussion ne s'appuie pas sur une forte culture du client, et donc de la vente, c'est-à-dire en associant des besoins issus de la cible visée avec un produit ou un service proposé.

L'attitude vente est à l'origine de toute démarche prix. Sans vente, pas de besoin exprimé par le client, et donc pas de besoin d'achat. Trop de prestations RH sont encore considérées comme un droit – dissocié de devoirs – mais aussi n'impliquant aucun engagement. Notre propos est ici de créer une dynamique qui puisse – chaque fois que possible – déboucher sur un dialogue alternant vente (en ai-je besoin ?) et négociation (quelle valeur ?).

Il faut donc apprendre à parler deux langues : celle de la vente (« besoin d'achat ») et celle de la négociation (« capacité d'achat »), comme le résume la figure 28. Celle-ci identifie quatre situations, en fonction – ou non – de la capacité démontrée par un professionnel RH de combiner une attitude de vente et une attitude de négociation. Tout déséquilibre crée une situation difficile à gérer :

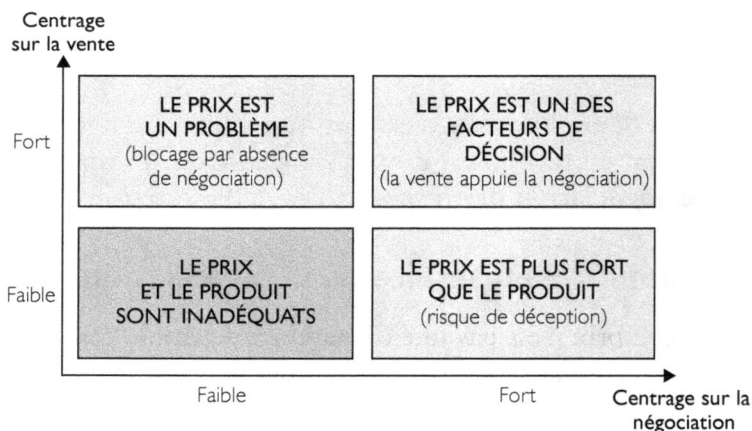

Figure 28 : le rapport entre la négociation et la vente

- **En cas de centrage fort sur la vente (le produit), mais faible sur la négociation (le prix),** le risque est de vouloir avant tout faire « passer » le produit et de ne laisser que peu d'espace à la discussion, voire à la confrontation. C'est parfois la résultante d'une attitude trop centrée sur elle-même de la fonction RH, avec pour mot d'ordre « je sais mieux que vous ce qu'il vous faut ».

- **Le cas du manque d'esprit client et d'aptitude (ou de volonté) à négocier** pose le plus problème. Il correspond au syndrome de l'expert et de la technicisation abordé dans cet ouvrage. Il s'agit de faire du beau (techniquement) même s'il n'y a pas de clients, soit par volonté (pas de besoin), soit par contrainte (pas les moyens).

- **Le cas d'un centrage trop fort sur la négociation,** en revanche, « oublie » le client, pour ne se concentrer que sur l'acheteur ou le payeur. C'est une démarche de confrontation, fondée sur un rapport de force.

- **Le dernier cas est le plus complet, combinant deux attitudes et facilitant une approche globale.** C'est aussi la démarche la plus sécurisée, appuyant toujours la négociation sur la réalité de l'offre et de la demande, analysant les rapports de force sans les forcer, et aidant à construire une relation équilibrée, entre des partenaires forts.

## Les marges de manœuvre sur le prix

Quelles sont les marges de manœuvre sur le prix ? Nous nous trouvons ici face à une question de fond, à savoir les marges de discussion potentielles en matière de prix, lorsqu'il s'agit de prestations RH.

La démarche prix consiste avant tout à valoriser une prestation et à lui donner du contenu « financier ». À partir du moment où la négociation est admise – et c'est ce qui se passe tous les ans lorsqu'il s'agit de parler de budget –, il faut envisager de faire des concessions. En d'autres termes, il ne faut pas se laisser piéger par une approche du style « à prendre ou à laisser ».

**C'est pourquoi tout calcul de prix d'une prestation RH doit se faire en intégrant dès l'origine des concessions possibles.** Il s'agit de prévoir des marges de manœuvre et de ne jamais proposer d'emblée un plan qui n'intègre pas des espaces de discussion. Pour autant, toute définition du prix doit rester crédible, ne pas dépasser un plafond qui empêcherait la négociation et rester acceptable. Le mot acceptable est ici important, car il prend en compte non pas le prix, mais l'attitude réelle du payeur face au prix. La figure 29 montre ainsi en quoi l'attitude du payeur – ou de l'acheteur – face au prix est influencée par deux paramètres : la capacité ou non de choisir un autre prestataire/une autre prestation (interne ou externe) ; la capacité *réelle* à accepter le prix proposé. Celle-ci est faible si le prix est trop élevé, normale si le prix s'inscrit dans une fourchette budgétaire planifiée, ou forte si le prix est considéré comme peu élevé.

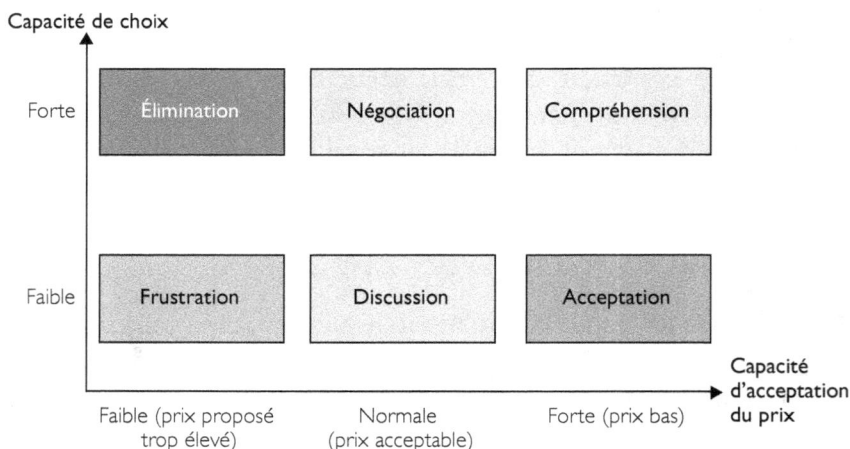

Figure 29 : prix et marge de manœuvre

- **La situation la plus difficile est celle où l'acheteur dispose du choix et qu'il considère le prix comme inacceptable.** La sanction est dans ce cas immédiate et aboutit souvent à l'élimination pure et simple de la proposition. Dans le cas – plus rare – d'une seconde chance, un travail de fond (contenu et prix) sur la prestation s'impose. Tel est le cas d'un système de gestion de la performance développé en interne, mais qui s'avère à la fois plus cher et moins performant que des solutions externes disponibles facilement.

- **Le cas où le payeur n'a pas le choix, et le prix proposé est trop élevé, est plus pernicieux.** Soit l'acheteur accepte et se retrouve à faire des sacrifices, soit il refuse et n'aura pas le bénéfice de la prestation. Ces deux cas entraînent une situation de frustration qui pourront provoquer, à terme, des conflits.

### La mise en place d'un *open space*

Voici un cas qui sort un peu d'une situation classique. Une entreprise déménage son siège social dans de nouveaux locaux ; elle change la disposition des bureaux et l'allocation des parkings, pour mettre en place des bureaux open space et réduire le nombre de places de parking.

Pour les salariés (les « acheteurs ») disposant à la fois d'un bureau fermé et d'une place de parking alloué, ce changement pose problème : soit ils refusent, ce qui peut déboucher sur un départ volontaire de l'entreprise, soit ils acceptent, mais ce oui augure de situations délicates par la suite.

Le choix est difficile, car le prix à payer reste très (trop ?) élevé.

- **Les deux cas suivants ont en commun un prix considéré comme acceptable.** L'attitude – et la marge de manœuvre – varie en fonction de la capacité de choix. Soit elle existe et il s'agit d'une vraie négociation, soit elle est absente et la négociation n'est que de principe, centrée davantage sur le produit et visant principalement à rassurer l'acheteur.

- **La dernière situation peut apparaître comme facile puisque dans les deux cas le prix est considéré comme peu élevé.** Attention toutefois à ne pas sous-évaluer les prestations RH, au risque de les faire rapidement passer pour des acquis. En cas de changement lié à des contraintes économiques (besoin d'économies, réorganisation), ces prestations seront plus difficiles à renégocier ou à faire sortir d'une certaine forme de domaine public.

---

### Prix et croissance de l'entreprise

Une petite entreprise a pris l'habitude de gérer sa paye en interne, en fournissant de nombreux conseils individualisés aux salariés. La croissance aidant, cette entreprise se développe et voit ses effectifs multipliés par les 2 X 8, rendant impossible le traitement individualisé proposé jusqu'alors.

Dans ce cas, les services proposés avaient toujours été considérés comme « gratuits », et donc normaux. En grandissant, l'entreprise a décidé d'aller plus vers des solutions d'*outsourcing*, moins flexibles, mais plus adaptées à la situation, car moins chères et plus professionnelles (e-HR, services online, etc.) Ce choix l'a amenée à comparer les prix entre l'option interne et l'option externe. Et ce qui n'avait jamais été considéré comme une prestation potentiellement payante l'est devenu.

---

> **La marge de manœuvre est étroitement liée aux objectifs de survie, de croissance et de rentabilité fixés à court et moyen terme.**

Ainsi, l'action sur les prix pourra être une tactique ponctuelle par laquelle l'entreprise répond à une situation passagère. L'atteinte de ses objectifs dépendra de la situation concurrentielle de l'entreprise, et la marge de manœuvre sera aussi fonction des conditions d'exploitation et de commercialisation.

## La dimension budgétaire

Pour parler « prix », il faut disposer d'acheteurs ayant une marge de manœuvre sur la négociation (et donc sur leurs budgets). Le marketing RH pose la question du pouvoir du consommateur et de sa capacité à être en situation d'agir plus que de subir.

La dimension budgétaire est dans ce cas extrêmement importante. Plusieurs scénarios sont possibles :

- **Un budget RH centralisé** : il est géré directement par la DRH. La composante « prix » perd donc de son poids, dans la mesure où la DRH est à la fois à l'origine de la prestation et en charge de son financement. Il convient cependant de ne pas oublier les éléments périphériques au prix, tels que, par exemple, l'impact sur le temps, sur les budgets connexes.

- **Un budget RH décentralisé** : il est pris en charge par les unités opérationnelles, d'une intégration complète et détaillée dans les budgets opérationnels jusqu'à une intégration partielle. La dimension prix du marketing mix devient importante.

- **Un budget RH mixte** : le budget est réparti entre des budgets centraux réservés à certaines actions (par exemple, le développement de programmes de formation, l'analyse des besoins, les relations avec les universités) et des budgets locaux (formation, systèmes…). Là encore, le prix a toute son importance, à partir du moment où une partie de la prestation deviendra « financièrement » visible pour la structure opérationnelle qui souhaite y avoir recours.

Au-delà de cette responsabilité budgétaire, se pose la question de pouvoir disposer d'un choix sans lequel aucune négociation réelle n'est possible. La figure 30 identifie différents cas en fonction du pouvoir de choix et de l'allocation budgétaire :

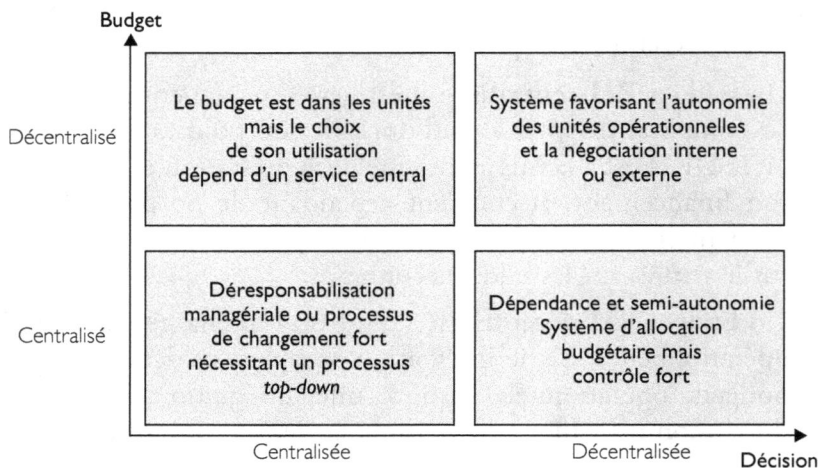

Figure 30 : budget et pouvoir de choix

- **La première situation** (en haut à gauche) **est paradoxale, mais pourtant souvent présente dans les entreprises.** Le budget est décentralisé, mais le pouvoir de la décision reste centralisé, et donc éloigné des unités opérationnelles. Cette situation permet une gestion budgétaire proche du terrain, mais peut créer des frustrations par l'absence de choix. Pour fonctionner, elle requiert une parfaite communication entre les structures décisionnelles et budgétaires, pour éviter les frustrations et/ou des contournements de ces règles.

  Le marketing RH doit alors veiller à développer des produits en phase avec les attentes du client, mais aussi à en assurer une promotion efficace, avec un accent mis en particulier sur les responsables budgétaires (considérés comme des leaders d'opinion).

- **Le cas suivant** (en bas à droite) **caractérise un fonctionnement purement centralisé.** Efficace pour lancer des actions ou pour gérer des populations particulières (par exemple, des programmes de formation pour les dirigeants ou pour les hauts potentiels), il risque cependant de créer un état d'esprit de déresponsabilisation, éloignant physiquement, mais aussi organisationnellement, les structures opérationnelles de certaines décisions stratégiques. Un autre risque est de renforcer une attitude d'expertise déconnectée des réalités des clients.

- **Les deux options suivantes ont en commun une capacité de décision confiée aux unités opérationnelles.** Elles se différencient par la gestion budgétaire qui est :

  - **centralisée : ce dispositif particulier associe libre choix et contrainte budgétaire.** C'est un modèle rare qui laisse l'autonomie décisionnelle au « terrain » mais qui contrôle une enveloppe budgétaire gérée le plus souvent au niveau de la DRH. C'est un système ayant pour vocation principale le contrôle – ou l'éducation – et qui n'a d'intérêt que sur une durée limitée. C'est une organisation de transition ;

  - **décentralisée : nous sommes ici dans un modèle d'autonomie absolue**, responsabilisant, mais présentant le risque principal de l'éclatement des programmes et des outils, et de l'inconsistance organisationnelle. Le marketing RH devra déployer l'ensemble de ses ressources, car cet environnement génère une redoutable concurrence, et donc une forte attitude de négociation.

En résumé, le choix de l'attribution budgétaire est un moyen de renforcer ou d'atténuer l'impact d'une stratégie de prix. Il convient donc de bien analyser cet aspect avant de s'engager dans une démarche prix, intégrée dans le cadre d'une stratégie de marketing RH.

## Savoir fixer le prix d'une prestation RH

| | | |
|---|---|---|
| **Comprendre les enjeux associés au prix** | **Les composantes du prix** | • Le prix n'a pas qu'une dimension financière, mais doit intégrer des critères liés à la mise en place ou à l'usage de la prestation |
| | **Une relation tripartite autour du prix** | • Tout processus d'achat mobilise trois acteurs : le développeur, l'utilisateur et le payeur |
| | **Le prix par rapport au positionnement du produit** | • Le prix diffère selon la substitution possible de la prestation et de la cible : du sur mesure, du haut de gamme, de la grande consommation ou du service public |
| | **Le prix par rapport aux concurrents** | • L'argument « prix » peut ou ne peut pas être utilisé dans un cadre concurrentiel, selon que le prix et/ou la prestation est supérieur, égal ou inférieur à celui des concurrents |
| | **La perception du prix** | • La façon dont les clients pourront réagir à l'énoncé d'un prix dépend de la proximité, du poids (budget) et du croisement entre capacité à choisir et degré d'implication dans le paiement |
| **Négocier** | **Le pouvoir de la négociation** | • La vente et la négociation fonctionnent en binôme : si le produit est bien vendu, la négociation sera d'autant plus facile |
| | **Un outil au service de la négociation** | • Cela nécessite le croisement du besoin d'achat et de la capacité d'achat : le prix est un problème, facteur de décision, le prix et les produits sont inadéquats ou le prix est plus fort que le produit |
| | **Les marges de manœuvre sur le prix** | • L'attitude du payeur – ou de l'acheteur – face au prix est influencée par la capacité ou non de choisir un autre prestataire et la capacité réelle à accepter le prix proposé |
| | **La dimension budgétaire** | • Il s'agit de croiser le pouvoir de choix et l'allocation budgétaire selon la (dé)centralisation de la décision et du budget |

- - -

## Les fondements

Le prix n'a pas uniquement une dimension financière, mais doit aussi reprendre des critères liés à la mise en place ou à l'usage de la prestation. En divulguant son prix, la prestation RH est alors valorisée et n'est plus considérée comme un dû. L'utilisateur se sent ainsi responsabilisé et impliqué, participant directement à son développement, à son amélioration ou encore à son efficacité. Le prix est un facteur de motivation et d'implication, et ne doit pas être considéré uniquement comme source d'intérêt. C'est aussi un moyen de peser dans la négociation.

## La nécessité

Associer prix et ressources humaines constitue un moyen évident de donner du pouvoir à la fonction RH. L'analyse du prix dans une démarche marketing RH est essentielle. Il s'agit alors de faire entrer dans la discussion non pas uniquement des coûts directs (développement, achats, software, matériel…), mais aussi tant des coûts indirects (temps, immobilisation) que des avantages indirects (engagement, motivation, rétention…).

## La mise en œuvre

Il s'agit d'engager une véritable démarche d'analyse de la valeur intégrée dans un processus de marketing RH. Réfléchir au prix pour une prestation RH équivaut à se poser des questions fondamentales sur les composantes du prix, sur les acteurs impliqués (payeur, utilisateur, vendeur), sur la perception de celui-ci ou encore sur son positionnement par rapport au produit RH (sur mesure, haut de gamme…) et/ou au concurrent (rapport qualité/prix). Quelle est la marge de manœuvre notamment par rapport au budget ? Par exemple, ce prix est-il aligné avec les pratiques du marché ? Si son prix est supérieur, comment le justifier ?

# Diffuser son offre RH

Évoquer la distribution, c'est avant tout parler d'organisation et d'outils. En marketing, la distribution peut prendre de nombreuses formes, du commerce de détail jusqu'à Internet, en passant par la grande surface, la vente à domicile, ou encore les boutiques de luxe. *A priori*, la distribution n'a rien à voir avec une prestation RH en l'absence de grandes surfaces, de commerçants de proximité ou de vente à domicile… mais en sommes-nous bien sûrs ?

Pour assurer la diffusion et la mise en œuvre de plusieurs prestations, les professionnels RH utilisent des relais (les managers), des structures externes (des prestataires extérieurs, des consultants), des circuits de distribution *on-line* (e-HR, e-learning) ou s'appuient sur des pôles de compétences internes (les mentors, les campus managers pour les relations avec les universités). Il en va ainsi :

- de la paye, souvent outsourcée, ou encore du contact entre le salarié et son bulletin de salaire (*via* des dispositifs électroniques) ;
- de la gestion des voitures de fonction, confiée à des organismes spécialisés dans la gestion des flottes automobiles ;
- des formations, souvent confiées à des consultants externes.

Diffuser une prestation RH, c'est non seulement responsabiliser l'entreprise, mais également accepter de ne plus tout faire tout seul. **La fonction RH ne peut plus se passer d'un réseau de distribution** fiable, formé, compétent et impliqué. Ce réseau s'appelle dans de nombreux cas « le management », mais il peut aussi s'agir des partenaires sociaux ou des salariés eux-mêmes.

La composante distribution du mix marketing RH est fondamentale. Il s'agit là du passage de la réflexion à l'action. **C'est en mettant ses prestations à disposition des futurs utilisateurs que la DRH va se rendre compte de la véracité de son approche marketing RH,** construite avant tout autour des dimensions « produit » et « prix ». Choisir la « place » du produit c'est donc opter pour un modèle d'organisation, mais aussi pour une culture RH, voire, au-delà, une culture d'entreprise.

Ce chapitre propose une réflexion sur de nombreuses questions comme l'analyse et la compréhension des différents systèmes de distribution, leur choix selon leur adaptation aux objectifs de la DRH, et leur mise en place pour mesurer leur efficacité et leur impact sur la diffusion de la prestation.

## Choisir son circuit de distribution

Le marketing RH considère d'abord le produit et le prix, deux éléments centrés sur la prestation elle-même et les clients. Travailler sur le système de distribution engendre d'autres questions, et amène à prendre en considération de nouveaux acteurs (les managers, les salariés, les prestataires) et de nouvelles dimensions.

**La distribution est l'ensemble des actions, processus et organisations favorisant la mise en contact du produit ou du service avec l'utilisateur final.**

Une fois le produit et le prix définis, il faut assurer la diffusion, et trouver les moyens et les circuits les plus adaptés pour permettre un contact optimisé pour :

• prendre connaissance du produit ;

- le tester et le comprendre ;
- l'utiliser ;
- fournir, éventuellement, un *feedback* permettant d'améliorer la prestation.

## Un système de distribution selon la présence ou non d'un intermédiaire

La première étape est de bien comprendre la notion
de réseau de distribution et de voir comment
il s'adapte à une entreprise et à ses ressources humaines.

En effet, un réseau de distribution peut prendre de nombreuses formes.

### Le modèle de la distribution directe

C'est le modèle le plus simple, qui illustre un lien fort entre la structure de développement de la prestation et le futur utilisateur. La DRH assure elle-même la mise en place de la prestation, son suivi et la relation avec les utilisateurs (*cf.* figure 31).

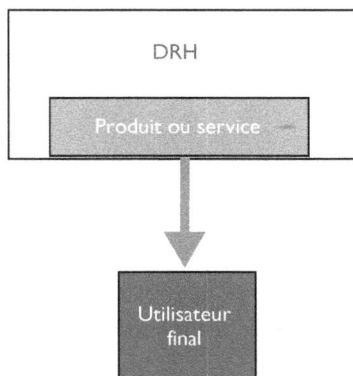

Figure 31 : une distribution directe de la prestation RH

Ce modèle, très classique, comporte de nombreux avantages, notamment celui de la proximité et de l'échange direct. Il suppose de disposer de ressources importantes pour le faire vivre. C'est pourquoi il reste encore privilégié dans les petites structures.

### Le modèle de la distribution par un intermédiaire

Ce modèle intègre un distributeur, responsable de la diffusion des prestations et positionné entre la DRH et l'utilisateur final (*cf.* figure 32). Néanmoins, le distributeur est détaché de la fonction RH. Un modèle de distribution qui associerait une structure RH en charge du développement d'une prestation (le service *Compensation & Benefits* ou le département Formation) et un distributeur interne à la fonction RH (les responsables RH locaux) renvoie *de facto* à un modèle de distribution directe.

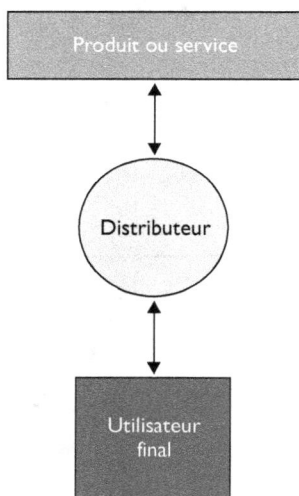

Figure 32 : une distribution de la prestation RH par un intermédiaire unique

Le distributeur peut être interne ou externe (un consultant, un organisme chargé de gérer une prestation RH, comme une société

150

chargée de la gestion de la paye). Le cas interne est le plus récurrent, le distributeur étant alors le manager de proximité.

Ce modèle répond à deux objectifs :

- diffuser rapidement et au plus près du terrain (et des préoccupations opérationnelles), ou « déléguer » une partie de l'activité RH aux managers ;
- redéfinir le champ d'intervention de la DRH par rapport au modèle de la distribution limitée.

> **Il ne s'agit plus de tout faire mais d'animer un réseau d'acteurs, impliqués localement dans la mise en place de la politique RH.**

### La distribution d'un système *on-line* de management de la performance

Une société décide de se doter d'un nouveau système on-line de management de la performance. L'équipe projet à l'origine du produit intègre à la fois des généralistes RH, des experts RH, mais aussi des informaticiens, un prestataire externe et des managers. Le lancement de ce nouveau système suppose la mise en place d'un réseau de distribution complexe, où les rôles sont clairement identifiés :

- Les services Compensation & Benefits et Training & Development sont à l'origine du produit. Leur mission est de former le réseau de distribution et le réseau Support & Après-vente.
- La distribution est confiée :
  - pour les managers aux généralistes RH (distribution directe) ;
  - pour les salariés, aux managers (distribution par un intermédiaire).
- En appui aux « distributeurs » (les managers), se met en place une structure de help desk pour toute question opérationnelle ou liée au processus de management de la performance (rédaction des objectifs, nombre, lien avec la rémunération, etc.).
- Un prestataire externe assure le support technique. Le support process est confié aux généralistes RH locaux.

Dans ce mode de distribution, le manager s'adresse à son équipe pour présenter et expliquer la philosophie et le fonctionnement de l'outil, mais en assure également la diffusion individuelle, dans le cadre des entretiens d'évaluation qu'il/elle devra conduire.

En fin de *process*, les généralistes gardent un contact direct avec les salariés, pour assurer une certaine forme de contrôle qualité et s'assurer de la cohérence des messages délivrés et des actions menées.

### Le modèle de la distribution par de multiples intermédiaires

Ce modèle est une déclinaison de l'approche précédente. Il est plus complexe et global. Il intègre une séparation des rôles au sein de la DRH entre les développeurs et les diffuseurs (fonctions d'expertise – formation, rémunération, relations sociales – et généralistes – par pays, par fonction, par site) ; le distributeur se trouve, lui, en contact à la fois avec des équipes et des individus (*cf.* figure 33).

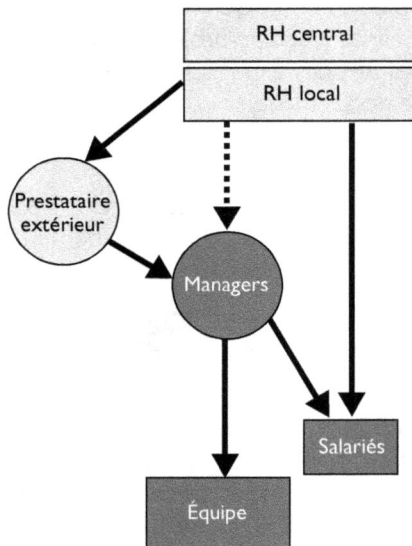

Figure 33 : une distribution de la prestation RH
par de multiples intermédiaires

Ce modèle illustre en quoi une fonction RH peut garder le contact direct avec les cibles finales, *via* des processus et des canaux différents. Il intègre également d'éventuels prestataires externes, qui peuvent compléter le schéma en apportant de l'expertise technique manquant en interne.

Le tableau 5 propose une analyse des modes de distribution directs et indirects :

Tableau 5 : avantages et désavantages d'une distribution directe ou indirecte

| MODES DE DISTRIBUTION | AVANTAGES | INCONVÉNIENTS |
|---|---|---|
| Distribution directe | – Proximité physique<br>– Relation privilégiée et directe<br>– Pas d'interférences dues à la présence d'un tiers<br>– Pas de distorsion du message<br>– Retour rapide d'information, optimisation du processus de contrôle et d'amélioration des prestations<br>– Réactivité et coûts moindres<br>– Modèle simple et adapté<br>– Facile à expliquer<br>– Porteur de reconnaissance pour la fonction RH | – Peu adapté à des organisations complexes<br>– Demande de la présence, et donc des effectifs<br>– Désengage les managers, donne l'impression que la DRH fait tout<br>– Risque rapide de débordement en cas de croissance de l'entreprise : demandes de plus en plus importantes, incapacité à répondre dans les délais, frustration, et retour d'image négatif sur la DRH |
| Distribution indirecte (par un ou plusieurs intermédiaires) | – Diffusion large<br>– Permet l'implication du management<br>– Facilite le recours à l'expertise là où elle se trouve<br>– S'adapte à des modèles d'organisations complexes (structures matricielles)<br>– Rend les sujets RH plus opérationnels<br>– Repositionne les RH dans un rôle de partenaire, et moins d'acteur direct | – Suppose une forte maintenance<br>– Demande de nouvelles compétences aux RH (animation d'un réseau)<br>– Requiert une maturité organisationnelle pour accepter le modèle<br>– Risque de créer des interférences entre le message et sa diffusion (filtre par le distributeur)<br>– Coupe les RH d'un contact direct<br>– Suppose une forte adhésion des managers ou un fort contrôle des distributeurs externes |

Ce dispositif est donc complexe. Il peut aussi varier. L'important est de garder à l'esprit qu'il n'y a pas de bons ou de mauvais circuits de distribution. Il y a juste des circuits adaptés ou non.

Le choix d'un circuit de distribution dépend de deux paramètres principaux :

- la volonté d'avoir un contact direct ou non ;
- la nature même de la prestation RH à diffuser : s'agit-il d'un processus qui nécessite un contact direct et qui peut se priver d'intermédiaires ? S'agit-il d'un processus n'impliquant pas de contact direct entre la DRH et le salarié – mais qui est géré par la fonction RH ?

Le croisement de ces deux axes donne quatre scénarios possibles (*cf.* figure 34) :

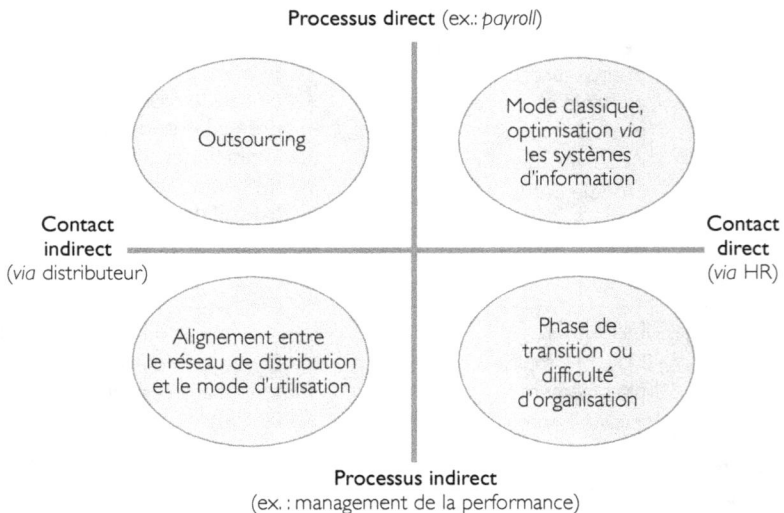

Figure 34 : choisir son circuit de distribution

- **Le premier cas (« outsourcing ») est celui de la distribution d'une prestation RH directe, mais sans contact direct avec les**

**salariés.** Tel peut être le cas de la gestion de la paye externalisée. Ou encore d'une gestion des flottes de voitures de fonction, confiée à des organismes de leasing qui assurent le contact direct avec les bénéficiaires de ces prestations. Ce choix est donc souvent dicté par des critères d'efficacité ou d'économies, et reste privilégié dans le cadre de structures RH légères ou d'entreprises en fort développement.

- **Le cas suivant (« alignement ») aligne le mode de distribution au processus dont il est en charge.** Il s'agit de confier la distribution d'une prestation RH à un tiers, à la fois distributeur et utilisateur.

- **Le troisième (« phase de transition ») se retrouve parfois dans des environnements en évolution.** La DRH doit garder le contrôle de certains processus, même s'ils impliquent d'autres acteurs. Le contact entre l'utilisateur et la DRH reste direct, mais la mise en place du processus se passe – par exemple – entre un salarié et un manager.

### Un dispositif de management de la performance pour la première fois…

Une entreprise met en place pour la première fois un dispositif de management de la performance. Même si ce processus concerne avant tout le manager et le managé, la DRH peut dans un premier temps en assurer la diffusion, formant ainsi les deux « parties » et en assurant un contrôle direct (accompagnement de la mise en œuvre, coaching des salariés, formation, etc.).

Une fois que ce processus sera rentré dans les habitudes de l'entreprise, la DRH pourra déléguer la distribution et gérer les évolutions du produit *via* les managers (passage de supports papiers à un système on-line).

- **La dernière situation est caractérisée par un système de distribution intégré à la fonction RH.** En d'autres termes, la DRH distribue directement les prestations qui supposent un lien direct entre le salarié et la fonction ressources humaines.

**La distribution d'un parc de voiture**

Une entreprise de petite taille avait pris pour habitude de gérer en direct l'ensemble du parc de voitures de son siège social (une vingtaine de véhicules). Cette gestion directe incluait une relation directe avec l'ensemble des bénéficiaires, depuis le choix du véhicule jusqu'au changement ou la restitution, en intégrant la maintenance des véhicules, les changements des pneumatiques en fin de saison ou les questions d'assurance et la gestion des sinistres. La distribution du produit (« l'usage d'un véhicule de fonction ») était assurée en interne, la société de leasing n'ayant aucun contact avec le bénéficiaire.

Avec la croissance de l'entreprise, ce modèle de distribution a dû être abandonné, trop consommateur de temps. Dans une volonté de recentrer les activités RH sur des prestations à plus forte valeur ajoutée, le choix fut pris de transférer la distribution (et donc le contact direct avec le bénéficiaire) à une société extérieure.

## Un système de distribution selon le positionnement du produit

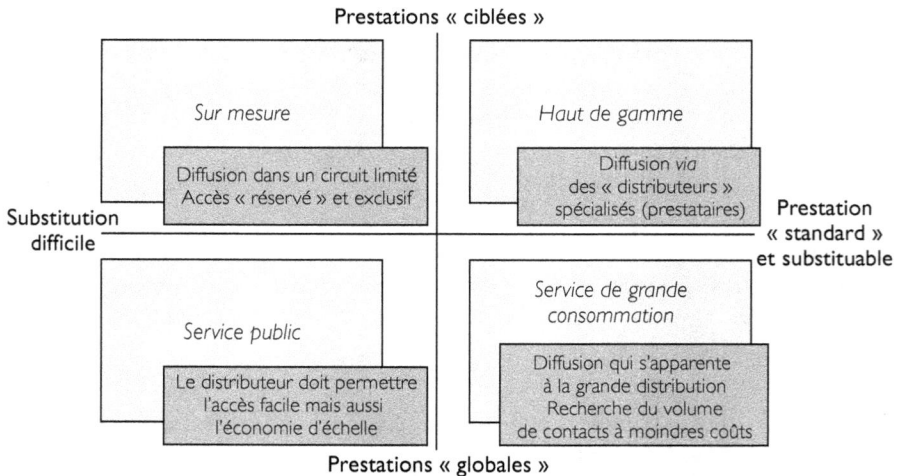

Figure 35 : le système de distribution en fonction du positionnement du produit

Le choix du système de distribution ne dépend pas uniquement du processus, il doit aussi intégrer le positionnement du produit. Dans le modèle présenté au chapitre 2, l'offre produit, d'une part, est fonction de la possibilité – ou non – de substituer la prestation à une autre et, d'autre part, dépend de la population visée (globale ou restreinte). En appliquant ce modèle à la distribution, nous parvenons à identifier quatre situations différentes (*cf.* figure 35) :

- **Les prestations « sur mesure »** demandent une diffusion restreinte, haut de gamme et forte en relation, en conseil, capable d'adapter rapidement l'offre à la demande du client. Dans ce contexte, la distribution doit donc être exclusive. On y parle de prestataires « de classe mondiale » ou de services individualisés, où la dimension coût ne rentre que très rarement en considération. Le distributeur et le système de distribution doivent être en phase avec la dimension exclusive de l'offre. Le distributeur peut aussi avoir un rôle de sélection, ne laissant accéder à la prestation qu'un nombre restreint d'heureux bénéficiaires. Tant le choix du distributeur que le mode d'accès à cette prestation doivent faire partie de la réflexion mise en place au cours de la phase de développement.

### Un programme de formation pour les hauts potentiels

Le développement d'un programme de formation pour les hauts potentiels se concentre souvent sur le contenu. Certaines entreprises ont pourtant également réfléchi au mode de diffusion de la prestation. Ceci peut prendre la forme d'un site dédié à la mise en œuvre de ce type de programme (par exemple, le château des Mesnuls pour le groupe Thalès), mais aussi une implication de la direction générale en tant que « distributeur ». Le contenu, le processus de sélection, l'accès à ses informations passent par un membre du comité de direction.

Un futur participant sera contacté directement par cette personne, qui lui fera part de son choix de le voir rejoindre ce programme. Ce type de discussion, qui est souvent organisé dans un cadre informel et extérieur à l'entreprise (dîner, déjeuner, etc.), contribue à la différenciation du programme et à son image.

- **Les prestations « haut de gamme »** restent proches des prestations « sur mesure », se différenciant simplement par le fait d'être plus ouvertes et plus larges, voire plus connues. Il s'agit souvent de distributeurs « spécialisés », reconnus pour la qualité et l'exclusivité de leur prestation.

> ### Un programme de formation d'une prestigieuse université
>
> Un programme de formation externe d'une prestigieuse université américaine de la côte Est (Harvard, MIT…) associera le contenu, l'image de marque, mais aussi le lieu de diffusion, qui participent à la symbolique entourant le programme. L'ensemble du marketing mix RH sera alors tourné vers cet objectif d'identification d'une prestation haut de gamme : le produit (intervenant de niveau mondial, agenda, structure du programme et méthodes employées, réseau d'anciens…), le prix (élevé), la promotion *via* une image de marque forte (nom, logo, matériel pédagogique, histoire) et la distribution (lieu prestigieux, campus…).

- **Le « service public »** et le **« service de grande consommation »** ont en commun une large diffusion. Le distributeur doit alors permettre un accès facile, direct et ouvert. La différence se fera sur la capacité – ou non – à impliquer des prestataires externes en charge de la diffusion et du coût induit par le modèle de distribution choisi. La gestion du système de distribution devra combiner des critères d'accessibilité et de coût. C'est dans ces deux options que nous retrouvons le plus souvent :

  - le recours au e-HR (diffusion des prestations *on-line* sur un site intranet) ;

  - l'*outsourcing* de processus complets (par exemple, la paye) ;

  - la création de *HR Shared Service* ou de centres d'appels et de gestion des prestations RH régionaux ou globaux (*outsourcing* interne).

## Un système de distribution selon la proximité

La proximité est une notion importante ; elle définit ce qui rapproche un client d'un distributeur ou d'un produit. Nous devrions plutôt parler de proximités, tant cette notion est complexe (*cf.* tableau 6) :

Tableau 6 : la notion de proximité[1]

|  | PRINCIPE | MOTS CLEFS | EXEMPLES |
|---|---|---|---|
| **LA PROXIMITÉ FONCTIONNELLE** | Rapproche le client et le distributeur *via* les notions d'efficacité et d'utilisation | Efficacité Pragmatique Rapide et concret | Payroll |
| **LA PROXIMITÉ DE PROCESSUS** | Crée le lien *via* la mise en place de prestations de conseil et d'aide à la décision | Expertise Formation & conseil | *Comp & Ben* Recrutement |
| **LA PROXIMITÉ IDENTITAIRE** | Joue sur les émotions et l'identification à la culture de l'entreprise distributrice ou à l'origine du produit | Émotion Prise en charge Écoute Individualisation Le client s'identifie (culture d'entreprise) | Gestion des expatriés, Relocation Université d'entreprise (campus Thomson) |
| **LA PROXIMITÉ DE CONTACT** | Met en avant la recherche de la relation, de la sécurité relationnelle (« on » me connaît, « on » me reconnaît) et la fidélisation | Parler Échanger Régularité Le client « parle de lui » Le client se met en valeur Fidélisation | Hauts potentiels Day to day Networking |

---

1. Adapté de OVSM HEC Genève, « L'interface commerciale. Simple lieu ou espace de rencontre avec le client », juin 2007.

- **Pour une prestation RH, la proximité fonctionnelle est la plus évidente.** C'est la recherche de la solution qui marche. Le distributeur doit mettre à disposition une réponse rapide, accessible facilement et la plus exacte possible. Entre dans cette catégorie la diffusion des informations relatives à la paye, la possibilité d'accéder rapidement aux informations, à tout moment. La proximité fonctionnelle touche prioritairement les prestations de base de la fonction RH, telles que l'ensemble des services à forte dimension quantitative et/ou légale (paye, assurances, prestations de santé, retraite…).

- **La proximité de processus nécessite un contact plus direct et une dimension « éducative ».** Il faut passer par quatre phases distinctes : comprendre, essayer, apprendre et faire. La diffusion de nouvelles méthodes de recrutement nécessite la formation de l'ensemble des personnes impliquées dans le processus de sélection et d'intégration. Le distributeur doit « fournir » la prestation (outils de recrutement, guides et supports), mais aussi aider à sa mise en œuvre *via* des actions de communication et de formation (formation présentielle, aide *on-line*, conseil et *mentoring*).

- **La proximité identitaire est plus complexe, car elle nécessite de créer un lien « culturel ».** Le distributeur doit rendre l'identité perceptible, soit par un message, soit par un lieu. Les universités d'entreprise en sont de bons exemples. Il s'agit de se former, mais aussi de créer un phénomène d'appartenance, en rencontrant ses pairs et en vivant la culture d'entreprise ou l'esprit d'équipe.

- **La proximité de contact privilégie la relation directe avec une personne plutôt qu'avec une fonction (les ressources humaines).** Elle base sa raison d'être sur les concepts de reconnaissance, de personnalisation et de relations humaines. Le client cherche avant tout à être considéré. Cette recherche de proximité suppose aussi des ressources et des moyens pour assurer le contact. Il peut s'agir également d'un traitement privilégié (les hauts potentiels), processus nécessitant des relations personnelles fortes (relations et négociations sociales), ou encore un soutien spécifique lié à une situation particulièrement sensible (gestion des expatriés).

## Un système de distribution selon la complexité et la fréquence d'utilisation

Dans le domaine des ressources humaines, certains produits et services nécessitent un contact régulier et fréquent (la paye) ; *a contrario*, d'autres requièrent une utilisation régulière, mais peu fréquente (le système de management de la performance nécessite au moins deux interventions annuelles pour la fixation des objectifs et l'évaluation des performances).

Il faut également souligner que certains produits RH sont plus complexes que d'autres et nécessitent plus ou moins d'aide et de support à l'utilisation. Le croisement de ces deux dimensions (contact/complexité) permet d'identifier quatre objectifs de diffusion différents (*cf.* figure 36) :

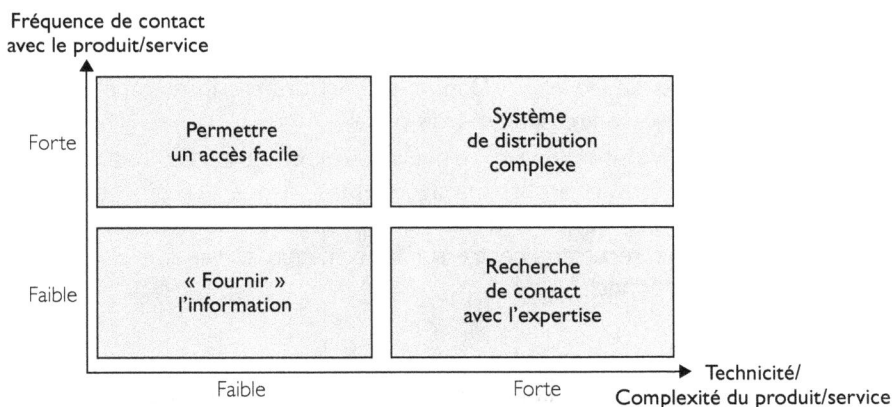

Figure 36 : choisir la distribution en fonction
de la fréquence et de la complexité

- **Dans le cas d'un contact fréquent avec un produit simple**, l'objectif principal de la distribution est de permettre un accès facile, non entravé par trop d'interlocuteurs, où la simplicité est de rigueur.

- **Si le produit est simple et ne nécessite pas de contacts réguliers et fréquents**, la distribution doit juste mettre à disposition une information en temps réel, en utilisant par exemple le système de messagerie de l'entreprise.

- **Pour un produit complexe et d'usage limité**, l'accent doit être porté sur l'explication et la formation, et donc mettre en avant le recours à l'expertise. Le système de distribution doit répondre à deux enjeux :

  - il doit s'adapter au calendrier de mise en œuvre de la prestation ;

  - il doit comporter une forte dimension formation qui ne doit pas avoir peur de la redondance.

### Le cas du cycle de management de la performance

Le cycle de management de la performance d'une entreprise est un processus RH complexe, qui demande de l'attention, du temps et la maîtrise de concepts de *leadership*. Dans la plupart des cas, il se compose de plusieurs entretiens (entre deux et trois par an).

Même si le processus reste semblable d'une année sur l'autre, il est fréquent de devoir reformer tous les ans les managers et les salariés à ce processus pour maintenir ou augmenter la qualité de ce dispositif. Le système de distribution doit être récurrent, centré sur la formation et capable d'anticiper l'agenda opérationnel.

- **Enfin, si le produit est à la fois complexe et utilisé fréquemment**, la DRH doit opter pour un dispositif de distribution qui permette à la fois le contact, le conseil, la formation et le contrôle. Seule une forme « complexe » de distribution est possible, intégrant des distributeurs internes, des prestataires externes et des mécanismes de contrôle.

## Un système de distribution selon la facilité d'accès et le besoin de conseil

Ce modèle est proche du précédent avec quelques nuances. Il prend en compte deux autres dimensions, liées à la prestation et au besoin de conseil :

- **L'accès à la prestation** peut être facile si la prestation RH est connue, communiquée largement et aisément accessible (informations sur les vacances, bulletins de paye, catalogue des programmes de formation internes…). *A contrario*, l'accès peut rester restreint (information sur les hauts potentiels, outils de gestion de carrière, certaines informations sur les rémunérations, la performance ou le potentiel).

- **Le besoin de conseil** se réfère à la nécessité de posséder une information particulièrement complète pour pouvoir mettre en œuvre le produit. Si c'est le cas, l'utilisateur de la prestation aura besoin d'un soutien de la part d'une personne qualifiée, issue de la fonction RH (généraliste ou spécialiste RH), titulaire d'une autre expertise (consultant), tirant sa légitimité d'un statut particulier, ou encore possédant une relation particulière avec l'utilisateur (manager, pair, mentor).

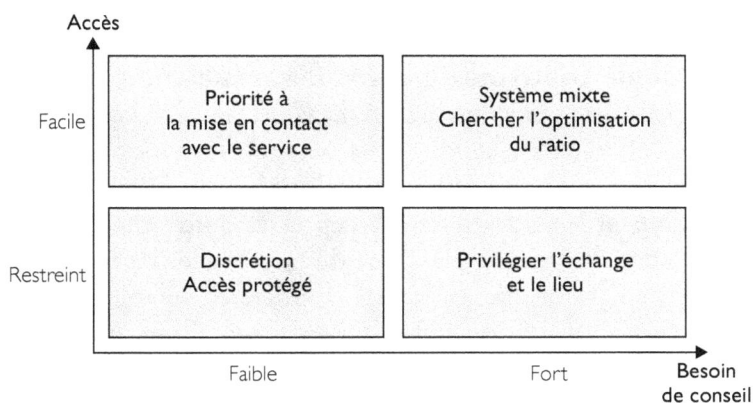

Figure 37 : choisir entre accès et conseil

Le croisement de ces deux dimensions donne lieu à quatre situations différentes (*cf.* figure 37) :

- **Si l'accès est facile et que le besoin de conseil est faible,** le distributeur devra privilégier un dispositif de mise en relation directe, sans forcément mettre en avant le contact individuel. Des supports *on-line*, des guides et des modes d'emploi simples et régulièrement actualisés suffiront amplement. Il faut éviter le risque de « sur-service » qui peut nuire à l'efficacité en rendant le produit trop complexe, voire effrayant pour le futur utilisateur.

- **En cas d'accès limité (réservé à une certaine population) et d'un faible besoin de conseil (prestation simple ou récurrente),** le système de distribution doit avant tout s'assurer que l'accès au service reste protégé, voire confidentiel, par la mise en place de systèmes de contrôles.

- **Le cas suivant insiste sur un besoin de conseil fort où la prestation RH nécessite d'être expliquée, et commentée à l'utilisateur.** Si cette dernière doit rester accessible à un nombre limité de personnes, il faut mettre en place un système de distribution garantissant à la fois le contact et la discrétion. Si la prestation doit être largement diffusée, le distributeur se retrouve face à une situation potentiellement difficile et doit favoriser un contact, souvent générateur d'un fort besoin en ressources, et garantir un accès rapide et fluide.

- **En période de contraintes budgétaires, cette combinaison de facteurs peut être un vrai casse-tête.** C'est dans ce contexte que des dispositifs d'*outsourcing*, ou de *Shared Services* sont souvent proposés. Dans de nombreuses situations, il faut aussi apprendre à l'utilisateur et le convaincre d'accepter un autre mode de relation, différent du modèle classique de face à face. La technologie peut aider, en proposant un mode de mise en relation différent (*via* téléphone, utilisation des conférences vidéo et autres outils de formation *on-line*, centres d'appels, Intranet, etc.).

## Mise en place d'un système de management de la performance

Une entreprise décide de faire évoluer son système de management de la performance pour le rendre moins court terme et plus qualitatif. Pour cela, elle fixe de nouveaux *guidelines*, avec au moins un objectif sur six non lié à une dimension quantitative.

Elle profite aussi de cette occasion pour intégrer la fixation d'objectifs de développement, liés à un référentiel de compétence interne. Ces objectifs de développement ne sont pas pris en compte dans l'évaluation de la performance annuelle, mais sont utilisés pour améliorer les plans de formation et renforcer les actions de développement internes (formation, coaching, e-learning, mobilité...).

La mise en place de ce nouveau dispositif est confiée aux managers, qui doivent organiser des séances d'information et de formation, après avoir eux-mêmes participé à un programme de formation de formateurs. La raison de ce choix est simple, et nous l'avons vu précédemment : assurer une diffusion plus proche des utilisateurs et permettre un déploiement rapide sur une population importante (plusieurs milliers de salariés).

Les deux messages clés étaient :
• une évolution du système de performance qui devient plus qualitatif ;
• des objectifs de développement liés aux compétences qui doivent permettre de proposer de nouveaux programmes de formation et de mieux anticiper les besoins de développement.

Après un an de mise en place, une enquête interne fait ressortir que les salariés ont bien perçu l'évolution du système de performance (avec l'intégration de nouveaux objectifs qualitatifs), mais que la seconde dimension (le développement), n'a pas du tout été retenue. Pire, dans les faits, cette dimension ne se retrouve que dans 50 % des cas, les autres 50 % n'ayant pas intégré d'objectifs de développement.

Plusieurs causes sont identifiées :
• un programme encore trop complexe (le produit) ;
• un message « distributeur » centré sur la performance et non pas sur le développement, soit par rejet, soit par ignorance.

L'année suivante, le système était révisé pour donner aux objectifs de développement une dimension obligatoire, relayée par le système utilisé qui empêchait de passer outre cette phase.

Le besoin de couverture par le management a rapidement été compensé par un besoin de contrôle, qui a eu un effet direct sur le produit (modification des caractéristiques techniques).

## Un système de distribution selon un besoin de contrôle et de couverture

Les prochains critères de choix intègrent une nouvelle dimension, celle du besoin de contrôle. Le risque principal d'un réseau de distribution est de voir son message ou son produit dénaturé par le distributeur. Le réseau de distribution assure un contact entre le produit et le futur utilisateur, tout en maintenant l'intégrité du produit ou du message. Cette balance entre ces deux facteurs peut évoluer en fonction de la volonté de couvrir – ou non – une population large, et celle d'assurer – ou non – un contrôle fort de la manière dont la prestation sera diffusée (*cf.* figure 38).

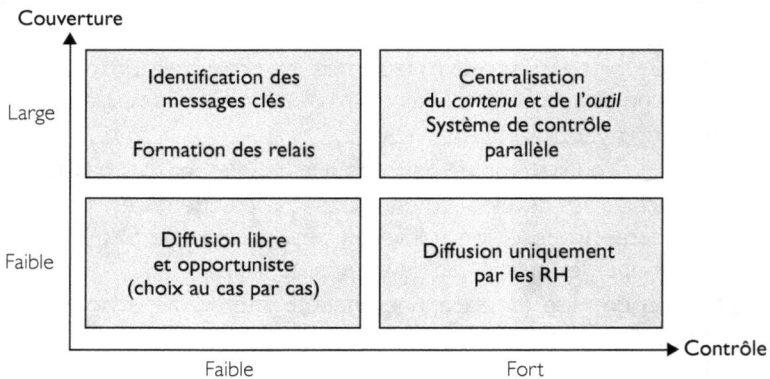

Couverture

| | Faible (Contrôle) | Fort (Contrôle) |
|---|---|---|
| **Large** | Identification des messages clés<br><br>Formation des relais | Centralisation du *contenu* et de l'*outil* Système de contrôle parallèle |
| **Faible** | Diffusion libre et opportuniste (choix au cas par cas) | Diffusion uniquement par les RH |

Figure 38 : optimisation du système de distribution
par la couverture et le contrôle

- **En cas de combinaison d'un besoin de diffusion sur une large échelle et d'un contrôle faible**, le système de distribution cherchera avant tout à atteindre le plus de cibles possibles. L'effort principal sera mis sur le volume de contacts, plus que sur l'exactitude du message. Pour éviter une trop grande dénaturation du message, ce mode sera réservé à des prestations simples, connues et dont le risque d'impact négatif (en cas de message dénaturé) sera limité. Il faudra alors concentrer l'énergie sur les messages

166

clés et mettre en place un dispositif de formation des relais efficace.

- **Si la diffusion doit se faire sur un faible volume et que le besoin de contrôle est limité,** la priorité est donnée à une démarche opportuniste, favorisant le contact individuel.

- **Si par contre le contrôle doit être un critère de choix important,** deux options sont possibles :

  - **le « tout intégré » :** la fonction RH assure l'ensemble de la diffusion, contrôlant ainsi le processus, depuis le développement du service jusqu'à sa mise en œuvre. Ce modèle s'applique surtout en cas de diffusion sur une population restreinte ou en cas de fort ratio de représentants RH par rapport au nombre de salariés ;

  - **la centralisation du contenu et de l'outil** permet une décentralisation de la diffusion *via* un support contrôlé en grande majorité. L'utilisation croissante des Intranets, mais aussi de systèmes RH *on-line* permet cette diffusion contrôlée, mais accessible au plus grand nombre. Compte tenu de l'investissement nécessaire, ces solutions doivent être réservées aux processus les plus importants. De la même façon, il sera toujours utile de se poser la question du risque de déresponsabilisation, mais aussi d'une trop grande uniformité.

## Le management des circuits de distribution RH

Le succès d'un réseau de distribution ne réside pas uniquement dans cette première phase.

> Une fonction RH devient de plus en plus
> une fonction de management de prestataires,
> plus qu'une fonction de mise en œuvre unique.

Une des conséquences principales de la mise en place d'une démarche d'analyse de son réseau de distribution est le désenclavement de la fonction ressources humaines, qui prend une nouvelle dimension. Elle n'est plus omnipotente et doit apprendre à fonctionner en réseau. Elle n'est plus experte et devient leader. Elle n'est plus la seule responsable et doit apprendre la délégation. Le management du réseau de distribution est en passe de devenir une vraie composante des compétences RH, dépassant là encore la notion d'expertise technique.

## Animer son réseau de distribution

Un dispositif de distribution et de diffusion est fait de femmes et d'hommes qu'il faut constamment maintenir motivés et attentifs. Si ceci est relativement facile dans le cas d'une relation contractuelle et de recours à des prestataires externes, il en va différemment dans le cadre du recours à des relais internes. En effet, la mise en réseau de la distribution des prestations RH suppose de gérer le conflit quotidien entre les responsabilités opérationnelles (liées à la fonction, le rôle et le système de performance) et les responsabilités organisationnelles.

Le rôle de la fonction RH est donc de manœuvrer entre des contraintes de différentes natures, mais aussi d'avoir assez de connaissances terrain et de crédibilité pour évaluer la pérennité de commentaires du style « je n'ai pas le temps », ou « ce n'est pas mon travail ». Cet écueil restera présent tout au long du recours à ce type de support interne. Néanmoins, la meilleure façon de l'atténuer est d'agir en leader, en fixant des objectifs clairs et réalistes, en animant ses distributeurs, et en reconnaissant leur contribution.

**Animer un réseau de « distributeurs » c'est avant tout démontrer des aptitudes de leadership et de management.**

## Formation et développement du système de distribution

Nous avons identifié ci-dessous quatre profils de distributeurs, qui varient en fonction de leur proximité avec le client ou l'utilisateur final, et de leur maîtrise du sujet sur lequel ils devront agir (*cf.* figure 39) :

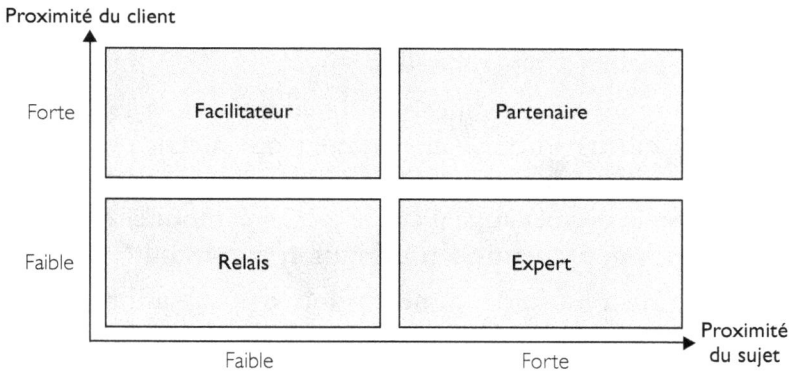

Figure 39 : le rôle du distributeur

- **Le facilitateur** est proche des clients finaux. Il les connaît, voire les manage. Il a leur confiance et peut adapter le produit et les messages aux attentes des clients. Il n'a pas une connaissance approfondie du sujet, sa valeur ajoutée venant principalement de la relation de confiance qu'il a su nouer avec les futurs utilisateurs. Sa parole sera souvent plus importante que le message relayé, et ceci constituera un avantage en cas d'alignement entre ses objectifs et ceux de l'entreprise. Au contraire, il s'agira d'un risque si cette personne n'est pas à 100 % engagée dans le processus, et pourrait donc être amenée à le remettre en cause en utilisant son aura et sa crédibilité opérationnelle.

- **Le relais** possède une implication limitée. Il s'agit juste de passer une information, de la relayer auprès des personnes concernées. Ni la proximité, ni la maîtrise du sujet ne sont indispensables. Le choix d'un relais se fait principalement sur des notions de disponibilité.

- **L'expert** est avant tout un technicien. Il maîtrise parfaitement le sujet, mais reste éloigné des clients. Sa compétence technique peut s'avérer très utile dans le cas de la diffusion de services complexes ou de la mise en place de formations de formateurs. Son avantage réside dans sa culture technique et sa probable implication dans le design du produit. Son inconvénient réside dans le risque d'être dominé par une approche technique, et donc éloigné des réalités opérationnelles.

- **Le partenaire** représente l'idéal du distributeur, à la fois maîtrisant « ses » clients internes et parfaitement au fait des aspects techniques, sans pour autant être un technicien absolu. Sa double compétence lui permet aussi d'être associé en amont et en aval, et de contribuer au processus d'amélioration du produit.

Un réseau de distribution interne se doit d'être équilibré. Il ne pourra pas être composé uniquement de partenaires ou de relais. En revanche, il sera de la responsabilité de la fonction RH d'identifier tous les profils présents, car cette segmentation servira de base aux actions de développement, mais aussi à celles de reconnaissance. Pour être pleinement opérationnels, ces différents profils devront développer des compétences particulières (*cf.* figure 40 et tableau 7) :

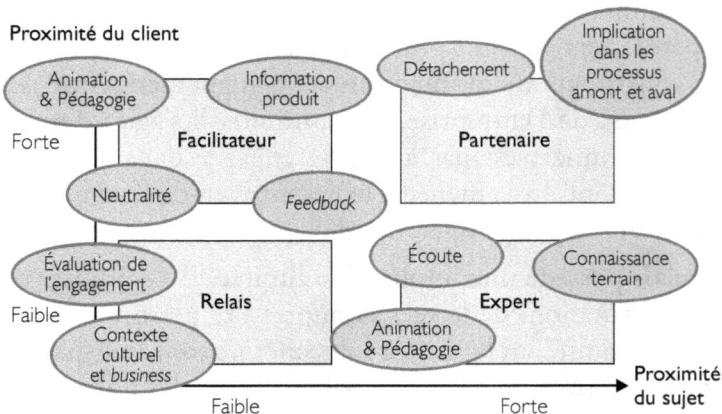

Figure 40 : développer et animer son réseau de distribution

**Le développement constituera un facteur
de motivation pour les futurs « distributeurs ».
Il sera aussi un moyen de les observer et de les évaluer.**

Tableau 7 : les différents rôles du distributeur

| | |
|---|---|
| LE FACILITATEUR | – Maîtrise de l'animation, de la pédagogie et des interactions avec des groupes et des individus<br>– Connaissance produit (un minimum)<br>– Aptitude à prendre du recul, techniques de facilitation (neutralité, faire travailler le groupe plutôt que d'imposer ses idées) |
| LE RELAIS | – Nécessaire validation de son implication dans le processus<br>– Connaissance du contexte dans lequel le produit devra être mis en œuvre<br>– Information sur le support qui lui sera donné de la part de la fonction RH<br>– Fourniture de supports simples mais exhaustifs (questions/réponses) |
| L'EXPERT | – Technique d'écoute et de reformulation<br>– Exposition aux problématiques opérationnelles (passage régulier sur le terrain)<br>– Animation et pédagogie pour dépasser le discours technique et renforcer sa capacité à être proche des futurs utilisateurs |
| LE PARTENAIRE | – Gestion de projet, implication dans les processus de développement des prestations RH<br>– Mise à jour constante sur les techniques d'animation et de présentation<br>– Un des éléments de développement sera aussi de maintenir à la fois ce partenaire impliqué, sans pour autant qu'il se coupe de son activité quotidienne qui contribue fortement à sa crédibilité. Le partenaire devra être « protégé » et ne pas être impliqué à chaque occasion |

La DRH devra proposer – et financer – des programmes s'adressant à l'ensemble des profils. Elle devra aussi renouveler son offre de manière constante, afin de toujours maintenir ses distributeurs au niveau optimum de compétences. Les actions de formation devront à tout prix impliquer des représentants de la DRH et ne pas être confiées uniquement à des prestataires extérieurs. En effet, le « lieu » formation constituera aussi un moyen idéal de partager des idées ou recevoir du *feedback*. Mais la reconnaissance ne passe pas uniquement par la formation.

## La reconnaissance pour valoriser le distributeur

Par reconnaissance nous entendons toute action qui valorise un distributeur, le motive et renforce son engagement. Nous n'insisterons jamais assez sur le fait que le succès d'un marketing RH passe par le succès des personnes identifiées pour assurer la diffusion des prestations RH. Et que ces personnes ont de nombreuses autres contraintes à gérer.

**Animer un réseau de distribution suppose de favoriser la création d'un environnement de travail motivant.**

### Les nombreuses formes de reconnaissance

La reconnaissance des actions menées peut prendre plusieurs formes, mises en œuvre dans des entreprises faisant appel régulièrement à des distributeurs internes :

- lettre de remerciement d'un membre du comité de direction ou du PDG ;
- exposition à la direction générale (déjeuners, dîners, événements particuliers) ;
- reconnaissance de la part de leur management ;
- intégration des réalisations dans les objectifs annuels ;
- cadeaux, bons cadeaux ou prix ;
- rémunération particulière ou motivante (utilisation des stock-options, primes spécifiques) ;
- action(s) de formation réservée(s) à cette population ;
- *incentive formation* (allocation d'un budget de formation individuelle spécifique ou d'actions de formation spécifiques) ;
- mise en avant et valorisation des interventions (*communication corporate*) ;
- participation au processus de développement ;
- reconnaissance de leur implication dans les systèmes de gestion des potentiels ;

- intégration des compétences de « distribution » dans les référentiels de compétences ;
- création d'un club de réflexion réservé aux plus actifs.

La panoplie est donc vaste, **le tout étant d'utiliser les bons leviers par rapport à chaque profil, voire à chaque personne.** Ceci suppose encore une fois une grande proximité entre la DRH et ses distributeurs, lui permettant de bien connaître les facteurs de motivation de chacun.

## L'évaluation du système de distribution

La dernière étape est de s'interroger sur les outils de mesure de la performance de la distribution. Les critères de mesure de la performance pourraient être les suivants :

- **Respect des délais** : de nombreux processus RH sont liés à des délais très précis. L'un des premiers rôles du distributeur est donc d'assurer la diffusion en temps et en heure. Ceci peut paraître évident, mais pourtant pas si facile à assurer. En effet, dans le cas de recours à des relais internes (managers, mentors, etc.), le rôle de distributeur entrera parfois en conflit avec les obligations opérationnelles.

- **Respect et intégrité du message** : c'est la base du rôle du distributeur. La DRH doit pouvoir s'appuyer sur un réseau de confiance qui diffusera la prestation dans toute son intégrité.

- **Relais d'information** : la qualité d'un distributeur tient aussi à sa capacité à faire remonter de l'information à la DRH, avec pour finalité l'amélioration continue des processus et des programmes. Le distributeur doit avoir assez de connaissance du sujet, de recul et de confiance, pour obtenir des informations pertinentes de la part des utilisateurs. Il doit être perçu comme disposant d'une marge de manœuvre et d'une liberté de parole par rapport à la DRH.

- **Réactivité et adaptabilité** : le bon distributeur doit garder une capacité à adapter son message pour le rendre compatible avec les attentes des clients. Il ne faut donc pas trop l'enfermer dans des procédures de contrôle complexes et lourdes. La liberté laissée à un distributeur d'adapter la forme du message (sans toucher au fond) sera proportionnelle à la maturité de la fonction RH à fonctionner en réseau et en partenaire, plus qu'en expert technique.

- **Mesures quantitatives** : les mesures peuvent prendre plusieurs formes en fonction des stratégies de distribution adoptées. On peut y retrouver : le nombre de contacts avec l'utilisateur, le nombre de sessions organisées, la fréquence des contacts, le temps passé avec chaque client interne, le nombre de propositions d'amélioration prises en compte…

- **Taux d'utilisation et taux de succès** : cette mesure porte sur la finalité de la distribution, à savoir la mise en contact du client et du produit, avec pour résultante un acte « d'achat » qui, dans notre cas, peut se redéfinir en acte d'adhésion ou d'utilisation. Il est donc facile de mesurer l'atteinte de cet objectif. Il s'agira, par exemple, d'évaluer le nombre de personnes qui utiliseront tel ou tel système. On mesurera simplement l'utilisation (taux de pénétration), avant de mesurer la qualité de l'utilisation (nombre d'erreurs commises).

---

#### Mise en place d'un système de rémunération *on-line*

Dans les premières années de la mise en place d'un système de gestion des augmentations de salaire et des bonus *on-line* pour des managers, la priorité fut donnée à l'utilisation du système et du nombre de managers qui entreraient dans le système, plutôt que d'utiliser le processus papier et le recours au support des généralistes RH. Ensuite, la mesure de qualité évolua pour vérifier le bon usage du système, le respect des guidelines en matière d'augmentation et d'évaluation, mais aussi la capacité à fonctionner de manière autonome.

---

- **Mesures qualitatives** : ces mesures peuvent compléter ou remplacer les mesures purement quantitatives. Elles peuvent également cibler deux catégories de personnes :
  - le distributeur : pour avoir une idée directe sur la qualité de son intervention ;
  - l'utilisateur final : pour mesurer l'utilisation « réelle » de la prestation.

Elles peuvent prendre plusieurs formes, telles que les évaluations des utilisateurs lors de séances d'information ou de formation, mais aussi, d'une manière plus large, les enquêtes internes ou externes ou des actions de *sampling*, visant à analyser de manière ciblée le résultat de certaines actions de distribution.

Attention toutefois à bien différencier l'évaluation d'un système de distribution géré en interne et l'évaluation de prestataires externes. Dans le cas de recours à des distributeurs internes, les processus d'évaluation doivent être plus souples et prendre en considération le fait que les personnes qui permettront la diffusion d'une prestation RH ne sont pas pour autant dédiées à 100 % à cette fonction. Par contre, en cas de recours à des prestataires externes, l'évaluation devra être plus formelle, voire contractuelle, sous la forme d'un SLA (*Service Level Agreement*), qui devra lister de manière exhaustive les attentes en matière de service et de qualité de la prestation. Ceci peut concerner à la fois le produit et la qualité de la distribution.

> **Dans notre activité RH, l'animation du réseau de distributeurs est fondamentale, car elle reflète la capacité de la fonction à ne pas se comporter et agir en véritable partenaire, mais aussi en animateur.**

## Savoir diffuser sa prestation RH

| | | |
|---|---|---|
| **Choisir son circuit de distribution...** | ... selon la présence ou non d'un intermédiaire | • La distribution peut être directe (proximité et échange direct)<br>• La distribution peut intégrer un prestataire (diffusion rapide)<br>• La distribution peut être multiple *via* différents canaux<br>• Le choix dépend de la volonté d'avoir un contact direct ou non et de la nature même de la prestation RH à diffuser |
| | ... selon le positionnement du produit | • Selon le positionnement produit, le système de distribution est restreint, spécialisé ou facile et ouvert |
| | ... selon la proximité | • Elle est identitaire, fonctionnelle, de contact, de processus |
| | ... selon la complexité et la fréquence d'utilisation | • Selon le contact (fréquent ou non) et la complexité du produit, la distribution est facile, complexe, informative ou d'expertise |
| | ... selon la facilité d'accès et le besoin de conseil | • Selon la prestation et le besoin de conseil, la distribution favorise le contact, la discrétion, l'échange ou l'optimisation |
| | ... selon le contrôle et la couverture | • La volonté de couvrir une population large et/ou d'assurer un contrôle de la diffusion permet de choisir sa distribution : diffusion libre, relais, centralisation et diffusion restreinte |
| **Le management des circuits de distribution RH** | Animer son réseau de distribution | • Animer un réseau de « distributeurs » amène à démontrer des aptitudes de leadership et de management |
| | Formation et développement | • Selon la proximité du sujet et du client, le rôle du distributeur peut être un facilitateur, un relais, un expert ou un partenaire |
| | Valoriser le distributeur | • Animer un réseau de distribution suppose de maintenir un environnement de travail motivant *via* la reconnaissance |
| | Évaluer le système de distribution | • La performance d'un système de distribution se mesure par le respect des délais, de l'intégrité du message, par la réactivité et l'adaptabilité, le relais d'information, le taux d'utilisation, etc. |

• • •

## Les fondements

La fonction RH elle-même n'échappe pas à cette réflexion organisationnelle qui cherche toujours à gérer en parallèle centralisation et décentralisation. Derrière cette question récurrente ne se cache qu'une discussion de fond sur l'organisation du réseau de distribution des prestations RH. Au-delà de l'organisation, la question de la distribution des prestations RH renvoie également à l'évolution du rôle des ressources humaines dans l'entreprise.

## La nécessité

Les questions de coûts et d'efficacité amènent aussi la fonction RH à réfléchir sur l'utilisation optimale de son système de diffusion. Les nouvelles technologies constituent une opportunité réelle pour penser la diffusion des prestations RH de manière différente en favorisant le contact « de masse » partout et à tout moment. C'est aussi un moyen de faire rentrer les prestations RH dans le quotidien de chaque salarié (où qu'il soit) ou encore de s'affranchir de structures figées, lourdes et complexes. Mais c'est aussi un risque de trop forte dématérialisation, de renoncement au rôle du manager ou de sur-diffusion des produits RH.

## La mise en œuvre

La diffusion de prestations RH prend donc des formes différentes en fonction des prestations ciblées et du positionnement souhaité. Mais d'autres éléments sont à prendre en compte avant de mettre en place son dispositif de distribution. Une autre façon de choisir le bon système de distribution réside dans le fait de différencier le besoin et la fréquence de contact, et la dimension technique de la prestation à diffuser.

## 6

# Séduire, faire acheter...
# et le faire savoir !

La dernière phase d'une démarche de marketing RH constitue la partie émergée de l'iceberg, qui se résume souvent – à tort – au marketing RH, et s'appelle « promotion », « communication » ou encore « publicité ».

Le temps où seuls le marketing et les commerciaux s'intéressaient à la marque est révolu. Dans le champ des ressources humaines, l'image et la marque sont devenues incontournables : disposer d'une image attractive est indispensable pour attirer, motiver et retenir des talents. Comme le soulignent Tarama Erickson et Lynda Gratton dans un récent article de la *Harvard Business Review*, une entreprise est grande et forte par sa capacité à attirer et à retenir les bons salariés, c'est-à-dire ceux qui sont motivés par ce qu'ils font et par l'environnement dans lequel ils opèrent. Les mots d'ordre sont désormais : séduction et image de marque, à une époque où le savoir-faire n'existe plus sans le faire savoir. C'est aussi un peu une opération d'*impression management*.[1]

---

1. Voir Paul Rosenfeld, Robert Giacalone et Catherine Riordan (2002), *Impression Management : Building and Enhancing Reputations at Work*, Thomson Publishing.

La DRH a toujours concentré son énergie sur la communication externe[1], principalement vers de futurs talents. Cette attention particulière sur l'extérieur pose la question suivante : si des importants efforts sont constamment produits pour gérer une marque externe, combien de départements RH s'intéressent-ils de près à leur marque interne ?

**Il est tout aussi important d'attirer les talents et de les persuader de travailler pour votre entreprise que d'attirer les clients et de les convaincre d'acheter vos prestations RH.**

Si la publicité a toute sa place dans le processus de recrutement, ce n'est plus suffisant. La DRH doit jouer un rôle primordial dans la construction de la réputation *via* un programme de communication bien pensé, à l'intérieur comme à l'extérieur de l'entreprise. Elle doit être facteur de différenciation et porteuse de toutes les promesses envers les clients que l'entreprise se doit, à long terme, de respecter. Il s'agit pour la DRH de communiquer à la fois sur une promesse « produit » (rendre compte de ses caractéristiques, de sa différenciation par rapport à l'offre concurrente, etc.), mais également et surtout de communiquer sur une promesse « salariés », c'est-à-dire mettre le produit en lien avec les attentes des salariés telles que nous les avons identifiées en introduction de cet ouvrage. Cette promesse est directement incarnée dans la marque employeur. **La finalité de ces actions sera de vendre ou de faire acheter.**

Dans ce chapitre nous nous intéresserons à plusieurs aspects de la promotion RH : qu'est-ce que la promotion dans un cadre de marketing RH ? À quoi cette dernière doit-elle servir ? Quel est le rôle de la DRH dans la mise en place d'actions de communication et de promotion ? Comment construire une marque, la valoriser et la communiquer ? En quoi une politique de communication dissociée d'une démarche marketing de fond peut représenter un risque ?

---

1. *Le DRH du 3ᵉ millénaire* (selon Edgard Added, Wilfrid Raffard, Carine Dartiguepeyrou et Michel Saloff Coste) est aussi un DRH communiquant.

# La maîtrise de l'image : un nouveau champ d'activité des RH

Longtemps la DRH a privilégié une démarche d'expertise technique et de discrétion, en supposant qu'un « bon » produit RH est par définition connu et acheté. Cette époque « rêvée » est dépassée. **Un produit qui se vend est avant tout connu, visible, et attirant.** Est-ce à dire qu'il ne doit pas être techniquement de qualité ? Certainement pas, mais une qualité inconnue ne sert à rien. Nombreux sont les exemples de produits attirants, dominant leur marché, aux caractéristiques techniques inférieures à celles des concurrents. Leur secret ? L'image de marque, ou l'image et la marque. Il faut donc assurer la promotion de la prestation pour parvenir à vendre.

## Promouvoir pour vendre et faire acheter

Pour clarifier notre message, nous préférons utiliser le terme « promotion » pour des actions qui sont directement liées à des produits ou des prestations, et réserver celui de « communication » à des actions plus globales et plus génériques, centrées sur l'image.

> La promotion RH n'est pas un acte unique
> mais regroupe un ensemble d'actions visant
> à favoriser la rencontre entre une population ciblée
> et des prestations développées pour celle-ci.

La notion de promotion est toutefois vaste et peut porter à confusion. Il s'agit ici de nous concentrer sur les actions de promotion décidées et pilotées par la fonction RH pour appuyer ses propres prestations.

La promotion est directement liée à la démarche commerciale (comme nous l'avons définie dans cet ouvrage). Pour parvenir à son but ultime (vendre et faire acheter), elle peut prendre plusieurs formes, en fonction des stratégies suivantes :

- **Se faire connaître (l'information)** : dans le cadre du marketing RH, cette dimension semble acquise par la nature même de l'activité. Cependant, ce n'est pas parce que l'on est en contact régulier avec la fonction RH que l'on « connaît » forcément bien celle-ci. La fonction RH est fragmentée et complexe (la paye, le recrutement, la gestion des carrières, les relations sociales, etc.) et beaucoup de salariés ne la perçoivent que partiellement. La communication doit s'atteler à en donner une vision plus globale, avec un fil rouge clair permettant d'associer et de fédérer l'ensemble des activités RH. Néanmoins, **se faire connaître ce n'est pas tout dire, mais se focaliser sur l'essentiel.**

---

### Faire connaître sa politique d'acquisition des talents

Dans une entreprise en forte croissance, le rôle principal de la fonction RH est de soutenir le développement, *via* une politique d'acquisition des talents extrêmement volontariste. Le fil rouge peut être « grandir et attirer les meilleurs ». Ceci pourra avoir une déclinaison sur l'ensemble des activités RH :

- **le recrutement** : identifier les talents tant en termes d'expertise technique que d'aptitude culturelle, piloter le processus de recrutement plutôt que le conduire, ou encore rendre les managers responsables ;
- **la formation** : intégrer les nouveaux, les exposer à la culture d'entreprise ou construire un plan d'intégration qui leur fasse vivre la culture de l'entreprise ;
- **la rémunération** : développer une offre attractive permettant de compenser le fait que l'entreprise soit moins connue sur le marché, ou se différencier des concurrents principaux.

---

- **Se faire reconnaître (l'identification)** : si « se faire connaître » suppose la diffusion d'informations rationnelles et factuelles, « se faire reconnaître » joue sur un aspect plus subjectif : il s'agit de montrer en quoi la fonction RH est différente, ce qu'elle a en plus – mais aussi en moins. Il s'agit donc d'affirmer et de formaliser un style.

Information et identification sont deux éléments constitutifs d'une promotion « d'image » plus centrée sur la globalité de la fonction que sur les spécificités de ses actions. Il s'agit de préparer le socle d'une communication plus directement liée aux prestations à « commercialiser ».

- **Faire connaître et reconnaître sa prestation** : la promotion suppose de dépasser les deux dimensions précédentes, centrées sur la fonction RH, pour entrer dans un domaine plus concret – la communication « produit ». Celle-ci a plusieurs objectifs :

  - **positionner son offre par rapport à la concurrence** : le positionnement s'appuie sur le ciblage client, le développement de la prestation, la politique de prix et la façon dont elle sera distribuée. La promotion doit intégrer ces différents facteurs pour construire un message et une image permettant de répondre à une question simple : « En quoi cette prestation est faite pour *moi* ? » ;

  - **donner envie** : la plupart des processus d'achat possèdent une composante irrationnelle (l'impulsion d'achat). Si cette dimension semble *a priori* moins importante dans le choix des prestations RH, certaines actions promotionnelles feront fortement appel à ce côté sentimental. L'intégration de cette dimension sera toutefois réservée à des actions de promotion très spécifiques, où la concurrence est très présente. Tel est le cas des campagnes de communication auprès des étudiants lors de forum entreprises ou de journées « emplois/carrières » ;

  - **amener le futur client sur le lieu « d'achat »** : s'il est effectivement important de (re)connaître une prestation, il est tout aussi important de faire savoir où la trouver. La promotion peut aussi avoir pour objectif de contrôler le distributeur en « doublant » le message ainsi délivré ;

  - **rassurer le client après l'achat/l'utilisation** : après avoir acheté un bien d'une certaine valeur ou ayant une certaine implication émotionnelle, l'acheteur est à la recherche d'informations permettant de valider son choix et de le rassurer. La fonction

RH ne doit donc pas seulement assurer sa promotion, mais également un service après-vente *via* des messages rassurants.

Les actions de communication de la fonction RH se répartissent en quatre catégories : d'une part, selon le fait d'être dominées par l'image ou le produit ; d'autre part, selon qu'elles s'adressent à une clientèle interne ou externe (*cf.* figure 41) :

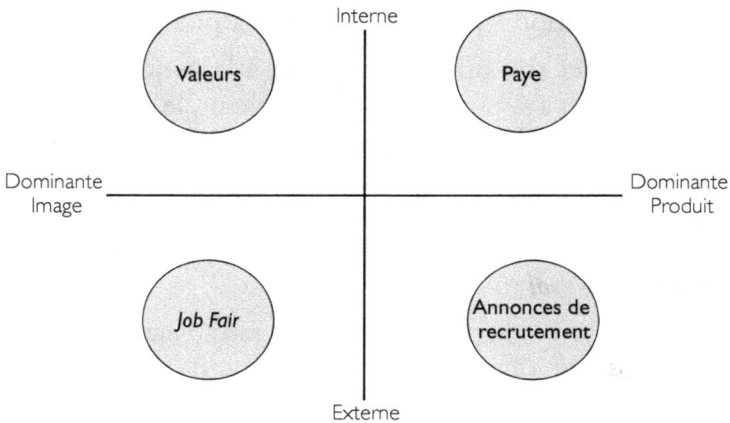

Figure 41 : la nature de la promotion RH

- **La promotion interne centrée sur l'image RH ou l'image de l'entreprise** porte ses efforts sur les valeurs ou le lien social avec et dans l'entreprise. L'objectif est de créer une communauté d'esprit et d'action. Dans cette catégorie se trouvent la promotion de fonction RH, en mettant en avant son rôle, ses valeurs, sa structure et sa vision.

- **La promotion externe centrée sur l'image** propose une représentation concrète de l'entreprise, surtout auprès d'une population qui ne la connaît pas et qui ne la vit pas. La différence entre promotions interne et externe réside dans la connaissance même que l'audience a de l'entreprise : la promotion interne s'adresse à une population qui connaît l'entreprise ou sa fonction RH et se confronte *de facto* directement aux rumeurs et à l'image existante.

- **La promotion interne à dimension « produit »** est très utilitariste. Elle vise avant tout à faire acheter le produit dont elle parle, par le concret et le vécu. Elle est plus ciblée et comporte une dimension opérationnelle importante. Elle se construit souvent comme un appui à d'autres actions (formation).

- **La promotion externe orientée « produit »**, enfin, présente une prestation à une population potentiellement utilisatrice qui ne connaît pas l'entreprise ou sa fonction RH (annonces de recrutement – centrées sur un rôle –, communication à destination de distributeurs/prestataires, etc.).

## Promouvoir selon le positionnement de la prestation RH

Comme le montre une enquête publiée dans un ouvrage récent[1], toutes les entreprises ont besoin de communiquer sur des sujets RH, et pour la plupart, ceci est un impératif. Publicité, messages personnalisés, newsletters, de nombreuses formes de communication sont régulièrement utilisées envers les clients externes. Or, ces outils peuvent tout aussi bien être utilisés en interne.

Reprenons la figure sur le positionnement des prestations RH, définie dans le chapitre 2 et déclinée systématiquement dans les chapitres suivants (*cf.* figure 42).

---

1. Dans son ouvrage *Communication RH : quelles réalités ?* Sophie Brignano souligne que le lien entre communication et ressources humaines n'est plus à prouver. Non seulement les entreprises clament haut et fort la nécessité de communiquer sur des sujets RH, mais l'utilisent de manière stratégique pour donner une image réelle, se différencier, voire offrir une valeur ajoutée auprès des (futurs) collaborateurs.

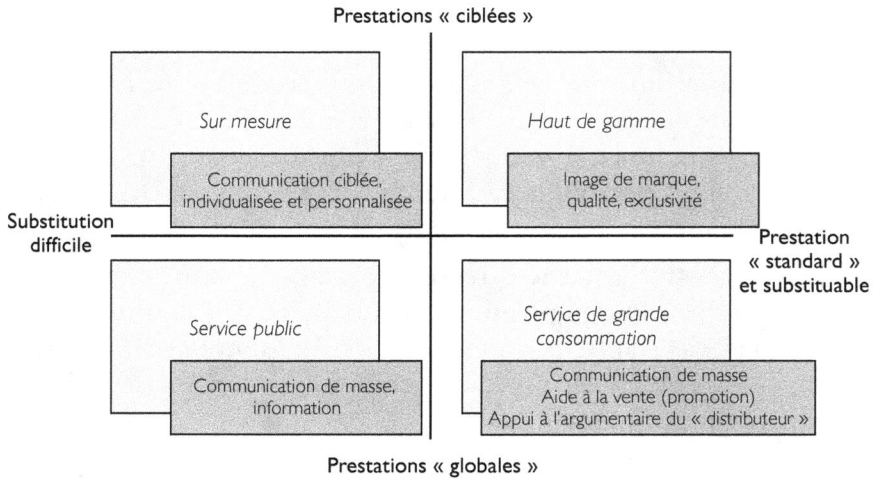

Figure 42 : la promotion RH déclinée selon le positionnement de la prestation

**Les actions de promotion et de communication varient
en fonction de la nature de la prestation RH visée.**

Dans le cas d'une prestation sur mesure, la promotion s'adresse à une population réduite et très ciblée. Ses besoins, ses envies et ses valeurs sont connus, et les actions de promotion doivent être compatibles avec la nature exclusive du service proposé. Le sur mesure permet entre autres une communication personnalisée et individualisée. Les moyens classiques sont bannis (e-mail, par exemple) pour laisser place à des supports inhabituels et exclusifs : une invitation à un séminaire d'intégration pour nouveaux dirigeants de filiales d'un grand groupe de l'industrie chimique et pharmaceutique prend la forme d'une lettre manuscrite, personnalisée et adressée par le PDG, lui-même, à chaque futur participant. L'objectif est de surprendre et de valoriser.

Dans le cas d'un positionnement « haut de gamme », la promotion doit intégrer une forte dimension de différenciation, appuyant les

186

démarches de vente. Il s'agit non seulement de montrer en quoi cette prestation est différente – et donc meilleure –, mais également de prendre la concurrence à contre-pied. La promotion est ici en charge de faire face aux futures objections des utilisateurs ou des payeurs potentiels. Compte tenu du ciblage précis, les actions de promotion visent directement les utilisateurs, en répondant à leurs questions et/ou leurs objections.

Les deux positionnements suivants ont en commun une contrainte liée à la taille de la population visée. Une approche promotionnelle individualisée devient plus difficile et implique une communication de masse, qui se différencie par la nature des messages. Dans le cas de prestations non substituables, l'attention porte sur un message informatif clair, afin de répondre aux trois questions suivantes : que fait ce produit pour *moi* ? Où le trouver ? Comment s'en servir ? Si le produit est substituable, la communication doit prévoir un fort appui à la vente, *via* des réponses anticipées aux objections, et en différentiant la prestation par son image.

## Parler du produit n'a rien à voir avec s'assurer de sa promotion

Nous avons déjà évoqué la différence entre pousser le produit vers le client (stratégie *push*) et attirer le client vers le produit (stratégie *pull*). Pour les experts techniques (stratégie *push*), le simple fait de parler d'un produit et de dire à quoi il sert suffira à le faire acheter. Or, une dimension uniquement informative – ou image d'usage – se concentre sur le produit, alors que la promotion doit partir de l'utilisateur et lui parler. Une action de promotion intègre également une dimension image « client » – ou image de marque – et ne doit pas se centrer uniquement sur la dimension informative (stratégie *pull*). Le croisement de ces deux dimensions (image d'usage et image de marque) permet d'identifier quatre situations (*cf.* figure 43) :

Image
de marque

| | Faible | Forte |
|---|---|---|
| Forte | « Lumière » | « Cohérence » |
| Faible | « Silence ! » | « Low profile » |

Faible      Forte  Image d'usage

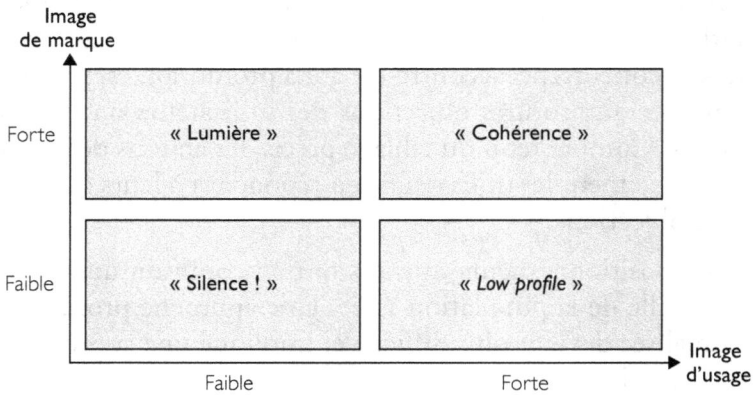

Figure 43 : la promotion RH selon la stratégie du push et du pull

- **Si la communication est dominée par une valeur d'usage importante (*push* élevé), elle se centre sur des messages utilitaires, simples et dénués de sensibilité client.** Cette promotion *low profile* parle à « l'esprit » et non au « cœur ». Elle est factuelle, normée et rationnelle. Il s'agit par exemple de processus d'informations liés à la mise en place de processus RH récurrents et connus. Dans un environnement peu ou pas compétitif, ce type de promotion s'avère très efficace, mais perd en efficacité (par manque « de chaleur ») lorsque le marché devient plus ouvert.

- **Si aucune de ces deux composantes n'est présente, la promotion dite de « silence » ne parlera pas aux personnes ciblées.** Peut être en cause un manque d'information, mais aussi une surinformation. Car trop d'information tue l'information. Combien de prestations RH sont-elles présentées à grand renfort de transparents PowerPoint, si denses qu'ils en deviennent illisibles ? La promotion ne pourra pas être vue, entendue ou acceptée : elle n'est pas assez rationnelle pour une recherche d'informations claires sur le pourquoi du produit, ni assez séduisante pour ceux qui ont besoin d'être séduits. *A priori*, ce cas peut sembler rare, et pourtant il est relativement fréquent.

- **En cas de dominante de l'image de marque, la promotion veut avant tout séduire.** Elle sera lumineuse, attirera les cibles, mais devra constamment se poser la question du rapport avec la réalité et les attentes des clients internes. Son risque principal sera de survendre en se basant sur une forte séduction, avec pour conséquence – si la prestation n'est pas à la hauteur en termes de caractéristiques techniques – de décevoir le client.

- **En cas d'équilibre entre le « *push* » et le « *pull* », la promotion est cohérente et parle à la fois à l'esprit et au cœur des cibles visées.** Elle est complète dans son message, mais aussi complexe dans sa mise en œuvre. Elle est globale et joue sur une combinaison de messages, alternant l'informatif et l'émotionnel.

---

### « Produit miracle », « nouvelle façon d'apprendre », « révolution pédagogique »

C'est ainsi que les premières prestations d'e-learning ont commencé à faire parler d'elles il y a dix ans. La première bulle Internet avait aussi trouvé sa victime RH. À cette époque, une communication très centrée sur l'image de marque (moderne, progrès, facilité, au service de tous) servait de base à la plupart des argumentaires des start-ups de l'e-learning. Pas une journée sans être contacté pour se voir présenter la solution miracle, facile, pas chère et surtout en phase avec l'époque.

Combien de ces entreprises ont-elles survécu ? Combien de ces solutions étaient-elles – à l'époque – réellement efficaces ou économes ? Et combien de DRH ont-ils cédé aux sirènes de cette mode ? Une grande entreprise de renom, prise dans le vertige Internet, a acheté au prix fort des solutions e-learning permettant l'interaction avec les autres apprenants... pour finalement se rendre compte, au moment de l'installation, que ses ordinateurs ne disposaient pas de carte son...

---

## Combattre « l'effet Pravda »

La fonction RH est constamment exposée à un autre risque en matière de promotion : l'effet Pravda. Il s'agit d'une pratique quotidienne, connue de tous les DRH et de toutes les directions générales : le fait de ne parler de soi que d'une manière favorable. Les entreprises sont victimes de cet effet Pravda, car elles ont oublié que les salariés « vivent » l'entreprise, la connaissent et ne sont pas naïfs, que la première – et plus ancienne source de communication – s'appelle la rumeur… et qu'une information n'est plus secrète dès lors qu'elle est partagée par plus de deux personnes. La DRH est souvent atteinte de ce mal étrange qui consiste à ne voir que les choses positives, et même à considérer que c'est une compétence que devrait avoir chaque salarié.

Cette confusion entre l'esprit d'entreprise (attachement raisonné et motivé à une organisation et à un projet d'entreprise) et la naïveté (soumission aveugle à une entreprise) donne parfois lieu à des actions de communication ou de promotion dissociées de la réalité. Cela a pour effet d'être contre-productif, et d'aller parfois jusqu'au rejet. Les professionnels RH peuvent tomber dans ce piège en communiquant plus sur un souhait qu'une réalité. En partant de cette situation, nous identifions quatre scénarios (*cf.* figure 44) :

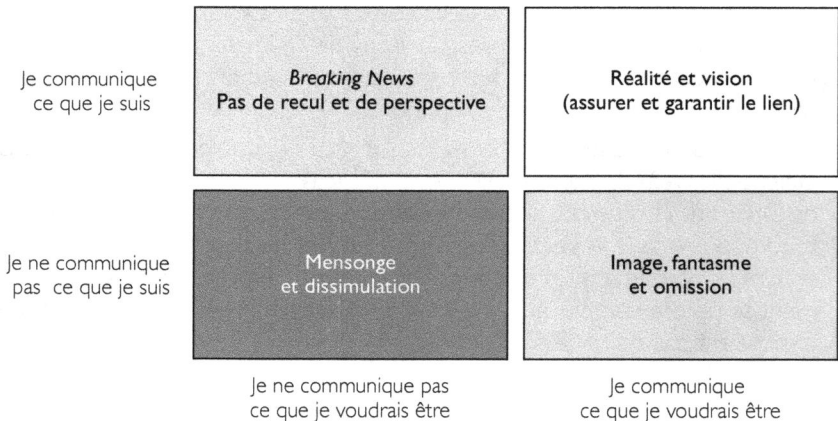

| | | |
|---|---|---|
| Je communique ce que je suis | *Breaking News* Pas de recul et de perspective | Réalité et vision (assurer et garantir le lien) |
| Je ne communique pas ce que je suis | Mensonge et dissimulation | Image, fantasme et omission |
| | Je ne communique pas ce que je voudrais être | Je communique ce que je voudrais être |

Figure 44 : les déclinaisons de l'effet Pravda

- **Si la promotion se limite à l'instant présent, omettant le passé et le futur (ce que je voudrais être, ce que la prestation pourrait être) et fonctionne sur un modèle de *breaking news*, elle ne permet pas de prendre du recul.** Elle se met dans l'immédiat et renforce parfois le travers des entreprises très centrées sur le court terme, notamment pour des raisons financières et de présence sur les marchés financiers. La communication perdra alors de son recul, mettant le salarié dans un état de soumission à l'information. En cas de succès, ce mode de communication créera des comportements de micro-management, d'absence d'autonomie et de perte de la vision.

- **Si la promotion ne parle ni de la réalité (ce que je suis), ni des perspectives futures (ce que je pourrais être), le message s'apparente au mensonge ou à la dissimulation.** C'est une communication aveugle et dangereuse, souvent destinée à masquer des situations extrêmement délicates.

- **Si la promotion n'évoque que le futur potentiel (je pourrais), en oubliant le présent et la réalité (je suis), elle crée un monde fictif.** C'est l'effet Pravda, relisant le monde en fonction d'une vision particulière. C'est une communication qui vise à cacher la réalité par l'image d'un futur angélique.

- **Lorsque la promotion mixe la réalité et le futur, parlant du quotidien en lui donnant des perspectives, cela ouvre des positions plus bénéfiques**, à condition que le lien entre « je suis » et « je voudrais être » reste fort et concret. La promotion ne doit pas nier les phases difficiles et embellir les succès. Même avec une composante d'image de marque forte, elle ne doit pas survendre.

La meilleure façon de se garantir contre ces effets improductifs de la communication est d'intégrer la promotion dans une véritable démarche de marketing RH, les dimensions clients et produits servant alors de garde-fous à l'image ainsi renvoyée par l'entreprise.

# Mettre en œuvre une promotion RH

L'implication de la fonction RH est essentielle dans ces actions de communication, souvent pilotées par la fonction « communication » de l'entreprise. Il est en effet important de faire la différence entre un objectif, des outils et des moyens, et l'organisation qui en est responsable :

- **l'objectif** est de vendre (la promotion pousse le produit vers le client) ou de faire acheter (la promotion pousse le client vers le produit) ;
- **les moyens et les outils** sont les techniques de communication et de promotion (ciblage, construction du message, mise en œuvre, choix du média, suivi et évaluation) ;
- **l'organisation en charge** peut être soit la DRH, soit la fonction communication, soit une fonction communication intégrée dans une fonction RH. L'important sera de faire la différence entre les responsabilités de fond (construction du message, ciblage...) et de formes (structuration du message, mise en forme...).

## Construire ses messages

La construction du message promotionnel doit suivre certaines règles bien précises. Pour être efficace, elle devra suivre et intégrer quatre composantes bien définies : présenter les caractéristiques du produit, valoriser les avantages aux clients, anticiper les éventuelles objections des clients et mobiliser les émotions des clients (*cf.* figure 45).

Cas d'un système
de management
de la performance

Centrage sur le client

| Mobiliser les émotions | ⟹ | Chaleur et émotion dans le message |

- le sentiment d'appartenance à une même équipe (utilise un outil commun)
- le lien avec les valeurs de l'entreprise
- le lien avec les attentes personnelles (gain de temps, flexibilité…)

| Anticiper les objections | ⟹ | Questions sur la nature et les fonctionnalités du produit |

- le vendeur itinérant se plaint d'un accès lent ou difficile (réel)
- ce système ne serait pas accessible à distance (non réel)

| Valoriser les avantages | ⟹ | Intérêts pour les clients |

- solidité technique
- capacité à être utilisé partout
- plus de papiers
- gain de temps, facilité d'usage

| Présenter les caractéristiques | ⟹ | Composantes techniques |

- fondé sur un système HR global (PeopleSoft, Oracle)
- accès aux formulaires *on-line*
- signature électronique
- dictionnaire d'aide à la rédaction d'objectifs

Centrage sur le produit

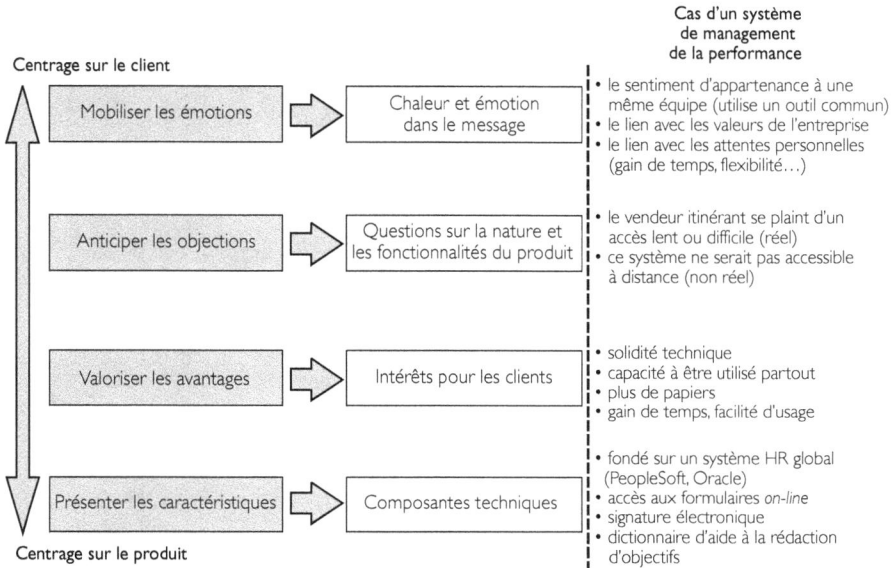

Figure 45 : les composantes de la construction des messages

L'identification des caractéristiques de la prestation RH nous renvoie au chapitre 2 de cet ouvrage ; il s'agit de présenter les composantes techniques de l'offre, c'est-à-dire ce que « fait » le produit. Il s'agit ensuite de voir en quoi les caractéristiques techniques peuvent intéresser le client final.

Comme tout produit comporte des imperfections, il faudra alors que la promotion anticipe les objections et prépare des stratégies de réponse. Une objection est en fait un commentaire fait par un client qui pose des questions sur la nature et les fonctionnalités d'un produit. Ces objections sont de quatre natures (*cf.* figure 46) selon qu'elles sont réelles (soit une préoccupation réelle du futur client) ou fondées (si elle soulève un véritable manque du produit ou de la prestation) :

|  | Réelle | Non réelle |
|---|---|---|
| Non fondée | Revenir sur les besoins | Mauvaise foi Oublier Gérer le conflit |
| Fondée | Minimiser Contrebalancer | SPIS + Prouver le contraire |

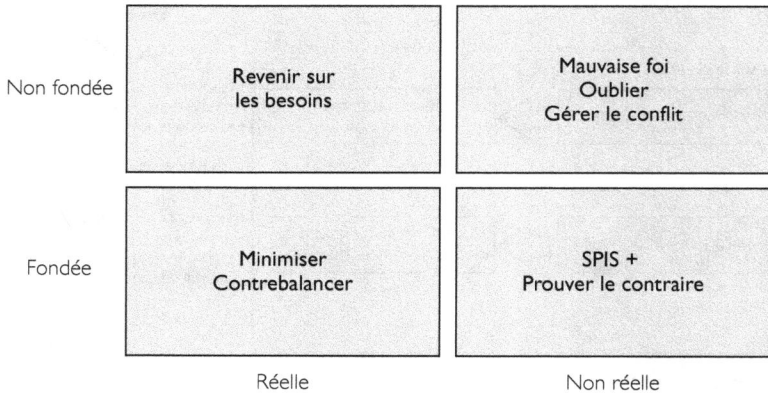

Figure 46 : la nature des objections des clients envers la prestation

- **Si l'objection est non fondée, mais réelle (il y a bien une réalité technique à l'objection, mais l'objecteur n'en sera pas victime), le message devra être adapté à la cible visée.** Lorsque l'objection est émise par un personnel sédentaire et porte sur l'accès aux formulaires *on-line*, elle peut être du genre « cela peut prendre du temps si on ne se connecte pas depuis le réseau de l'entreprise ». Il s'agit effectivement d'une objection techniquement réelle, mais qui n'impacte pas l'objecteur, puisqu'il n'est jamais en déplacement et reste donc connecté au réseau d'entreprise à tout moment *via* un serveur.

- **Si l'objection est fondée et réelle, il faudra la minimiser et mettre en avant d'autres avantages produits.** Lorsque le vendeur itinérant se plaint d'un accès lent ou difficile (ce qui est réel), il faudra mettre l'accent sur d'autres avantages tels que l'aide à la rédaction.

- **Si l'objection est fondée, mais non réelle (apparaît en cas de mauvaise information ou de mauvaise compréhension de l'information technique), la promotion devra montrer que l'objection n'est pas réelle.** Si je suis vendeur et que j'ai entendu

194

dire que ce système ne serait pas accessible à distance, la communication doit reprendre plus clairement cette information et montrer en quoi – et comment – le système sera accessible à distance.

- **Le dernier cas (non fondé et non réel) s'apparente à de la mauvaise foi, et peut parfois cacher d'autres éléments.** La communication ne doit pas y répondre de manière directe.

Après avoir traité les objections, la prochaine étape sera d'apporter de la chaleur et de l'émotion dans le message, en y intégrant des éléments irrationnels et proches des préoccupations des personnes ciblées. Au-delà d'un système de management de la performance, on pourra donc évoquer le sentiment d'appartenance à une même équipe (qui utilise un outil commun), le lien avec les valeurs de l'entreprise ou des attentes personnelles (gain de temps, flexibilité…).

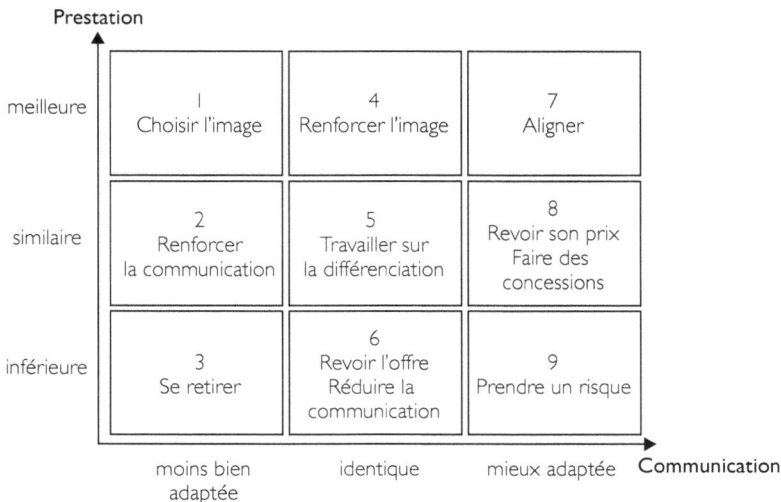

Figure 47 : la stratégie de promotion RH
dans un univers concurrentiel

Il est toutefois important de prendre en compte la présence éventuelle d'un concurrent. La promotion a aussi pour objectif de se différencier de la concurrence, qu'elle soit externe (une autre entreprise sur un salon d'étudiants) ou interne (continuer à se servir d'un système de management de la performance papier, plutôt que la nouvelle version électronique, choisir un autre prestataire de formation que celui proposé, etc.) Si nous reprenons la figure sur la concurrence présentée dans le chapitre 4 sur le prix, nous pouvons identifier neuf situations concurrentielles, qui varient en fonction de la qualité de la prestation proposée et de la communication mise en œuvre (*cf.* figure 47).

Le cas 1 montre une bonne prestation qui souffre d'un manque de promotion. Il faut donc utiliser les qualités de la prestation et ne pas avoir peur d'en faire la promotion. Ce cas est souvent visible dans des environnements soit très techniques, soit où la peur de communiquer existe.

Les cas 2 et 4 restent proches de cette situation, alors que le cas 3 montre une situation plus difficile où ni le produit ni la communication ne sont au niveau. Il faut alors travailler prioritairement sur le produit et ne pas « surcommuniquer », au risque de se retrouver dans les cas 6 ou 9, où la communication est efficace, mais la prestation ne suit pas… Il y a là un fort risque de créer de la frustration, et donc du rejet.

Le cas 5 nécessite de mieux différencier le produit, soit par de meilleures caractéristiques, soit par une promotion plus efficace. Dans la plupart des cas, la seconde option sera la bonne, car elle prend moins de temps et peut s'avérer plus rentable économiquement que de revoir la prestation.

Enfin, les cas 7 et 8 permettent d'associer une prestation de qualité identique ou supérieure avec une communication efficace, et donc probablement une réelle différenciation par rapport à la concurrence.

196

## Cibler ses messages

La communication est affaire de message et de séduction. Une bonne communication suppose un message clair, associé à un style qui « parle » à la population ciblée. La figure 48 montre en quoi ces deux dimensions sont importantes dans la construction d'un message ayant un réel impact sur l'utilisation de la prestation :

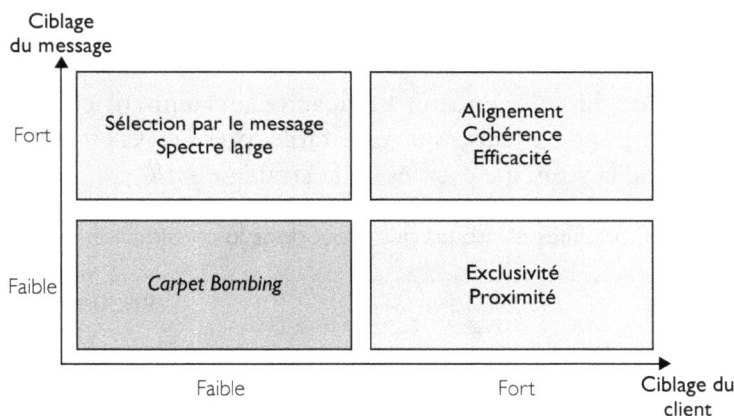

Figure 48 : le ciblage comme levier de construction du message

- **Si la sélection se fait par le message** (en haut à gauche), le ciblage du message est particulièrement fort, et la DRH sait ce qu'elle veut dire à propos d'elle-même ou de sa prestation. Elle ne vise pas une population en particulier (communication de vaste envergure). La DRH ne cherche pas l'adhésion d'une population en particulier, mais donne un message clair en espérant qu'il trouvera lui-même sa propre cible dans la masse des personnes visées.

- Le *carpet bombing* (en bas à gauche) n'est ni précis au niveau du message, ni ciblé en termes de population. Cette métaphore utilise l'image d'un bombardement de vaste envergure sans cible précise, avec pour seule stratégie de toucher le plus de monde possible. Ce mode de communication empêche tout contrôle, mais aussi toute analyse permettant de savoir ce que les futurs utilisateurs ont réellement « acheté ».

- **Si le ciblage principal part du client** (en bas à droite), le message privilégié est celui qui lui fait avant tout plaisir. La dimension, les avantages ou les caractéristiques du produit passent au second plan. La communication joue sur l'émotion et la proximité, plus que sur un message particulièrement structuré. Elle crée une forte image de marque, tout en s'assurant de l'après-vente, en proposant une prestation à la hauteur des attentes suscitées par la cible visée.

- **L'alignement, la cohérence et l'efficacité** surviennent en privilégiant un message précis, sur une cible précise. C'est donc la rencontre de la stratégie *push* et de la stratégie *pull*.

Tableau 8 : opportunités et risques des choix dans la construction du message

| TYPE DE CIBLAGE | OPPORTUNITÉS | RISQUES |
|---|---|---|
| Sélection par le message | – Message intégré à la démarche produit<br>– Message global<br>– Donne une image claire du produit<br>– Attire ceux qui sont intéressés | – Dimension trop technique (centrée sur les caractéristiques)<br>– Manque de chaleur et d'émotion (loin du client)<br>– Volonté de couvrir trop de sujets (risque de confusion). |
| Carpet Bombing | – Message neutre<br>– Message facile (aussi bien dans sa conception que dans sa diffusion) | – Ne crée pas d'accroche client, et donc pas d'intérêt<br>– N'implique pas<br>– Passe inaperçu |
| Démarche exclusive et de proximité | – Le client est au centre du message<br>– Personnalisation et prise en compte des désirs<br>– Joue sur l'émotion et l'image | – Risque de survente<br>– Besoin de s'assurer du suivi<br>– Demande de la maintenance |
| Démarche d'alignement, cohérente et efficace | – Message équilibré, associant produit et client<br>– Efficacité<br>– Donne une image claire du produit<br>– Crée un fort *buy-in* | – Requiert de l'expertise « technique » en matière de communication<br>– Complexité de la démarche, besoin de phases de tests et de validation<br>– Demande de la maintenance (suivi, actualisation, mesure d'impact) |

La qualité du message dépend de son intégration dans une réflexion globale supportée par une analyse des différents scénarios, mais aussi des conséquences de tel ou tel choix, chacun possédant ses propres risques et opportunités (*cf.* tableau 8).

Toute communication tire son efficacité dans la capacité à s'adresser à une cible précise, en utilisant des messages structurés – qui, dans le cas du marketing, intègrent des éléments venant des réflexions sur le produit, le prix ou le mode de distribution (place). La communication est d'autant plus efficace qu'elle sait utiliser plusieurs médias, dans plusieurs contextes. Le média est le canal responsable de l'action de promotion, celui qui délivre le message[1]. Sa responsabilité dans la structuration du message est variable, allant d'une implication totale à un rôle de simple relais. Dans le cas des prestations RH, les médias utilisables sont nombreux et connus (*cf.* ci-dessous).

### Quels vecteurs pour médiatiser les prestations RH

- **Intranet/Internet** et, plus largement, les supports électroniques globaux (e-mails, voicemails).

- **Les managers** (à titre individuel – face à face ou collectif – réunion d'équipe).

- **Le PDG, DG ou CEO**, voire la direction générale : à utiliser comme vecteurs directs (meetings, réunions individuelles ou courriers personnalisés) ou indirects (motivation de relais, forte capacité à influencer d'autres personnes, capacité à décider sur certains sujets critiques).

- **La fonction RH** (et le/la DRH, en particulier) : les spécialistes (formation, recrutement, relations universités, rémunération) ou les généralistes RH (par site, fonction ou pays). La fonction RH maîtrise plusieurs médias, depuis son site Intranet, en passant par les job fairs, son réseau de professionnels ou sa capacité à s'adresser à chaque salarié *via* les bulletins de

---

1. L'ouvrage d'Étienne Segrétain (*op. cit.*) insiste sur la communication de recrutement. Il est intéressant de noter que la cible étudiante est particulièrement courtisée. Les chapitres 2 et 4 donnent, entre autres, une liste quasi exhaustive des moyens mis en place par les entreprises à cet effet.

paye et toute autre communication RH individualisée. Elle peut aussi se servir des séances de formation organisées en interne pour dégager du temps et s'adresser directement aux participants.

- **La fonction communication**, capable de construire, aménager et diffuser de l'information. Elle peut aussi agir en tant que conseil sur la forme et le style, voire sur la sélection des médias. Elle utilise divers supports, dont les magazines internes, les lettres d'information ou les événements.

- **Les médias externes** (presse, télévision…) : les campagnes externes peuvent avoir des répercussions internes, voire viser comme premier objectif les salariés.

Le choix d'un média est important, car il conditionne la réussite de l'action de promotion : assurer la diffusion d'un message à la fois cohérent, consistant et proche des préoccupations de la cible identifiée. Ce choix dépend de deux questionnements majeurs : l'action de promotion s'adresse-t-elle à une population limitée et connue, ou vise-t-elle l'entreprise dans sa globalité, ou un grand nombre de personnes non individualisables ? L'efficacité de l'action de promotion se base-t-elle sur un message consistant et unique (message figé) ou sur une capacité à personnaliser ce message en fonction de la cible ?

> **Le choix d'un média doit faire l'objet d'un plan global qui associe à la fois le positionnement que la DRH souhaite donner à une prestation, son prix et la façon dont elle sera accessible.**

Le croisement de ces deux variables (individus identifiés/population globale et consistance/adaptation) nous conduit à identifier quatre métaphores de médias (*cf.* figure 49) :

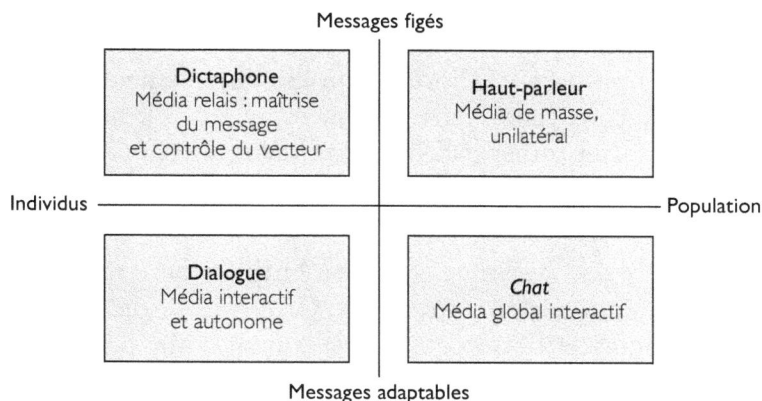

Figure 49 : les différents profils de média

- **La métaphore du dictaphone illustre un message préenregistré et diffusé de manière individuelle.** Ce système permet la proximité, mais contrôle complètement le message délivré. Le choix d'un tel média correspond à la volonté d'assurer un contact individualisé et une adaptation sur la forme plutôt que sur le fond. Ce système suppose de formater parfaitement bien le message et de former les relais. Tel est le cas de l'utilisation du réseau des responsables RH pour présenter un programme RH précis.

- **La métaphore du dialogue souligne un message à la fois individualisé sur la forme et le fond.** Le média est autonome, capable d'adapter le message à la population visée. Ce média est privilégié dans le cas d'actions de promotion qui doivent bénéficier d'une forte action d'influence et de conviction. La DRH – et l'entreprise – doivent être assez mûres pour autoriser une adaptation des messages. Ce système rend le contrôle plus difficile, et son succès passe par la responsabilisation des relais, leur implication et la confiance. Tel est le cas d'un système de management de la performance, présenté (et vendu) par des managers, sachant que la prestation les touche directement, eux et leur équipe.

- **La métaphore du haut-parleur est la forme de communication d'entreprise classique : un message consistant est délivré à une population nombreuse.** L'interaction est difficilement possible, mais ce choix permet de « faire passer » rapidement le message. La présentation d'un projet RH dans une revue d'entreprise, l'utilisation des e-mails ou des *voicemails* restent des moyens privilégiés pour une telle diffusion.

- **La métaphore du *chat room* renvoie à l'utilisation d'un système de communication global interactif.** Ce dispositif est global par sa forme (il ne sélectionne que partiellement, voire pas du tout, les personnes auxquelles il s'adresse), mais permet une adaptation du message *via* l'échange et le dialogue. Dans certains sites Intranet RH, un espace « QA » (*Questions & Answers*) existe, permettant de poser des questions et de recevoir une réponse rapide. D'autres systèmes tels que les *help desks* peuvent aussi exister. Il s'agit de mettre à disposition d'une population globale un numéro de téléphone permettant à chacun d'appeler et d'échanger sur certains sujets RH. Le plus grand modèle de flexibilité se retrouve dans des *chat rooms* ouverts, accessibles à toutes et à tous et sur des sujets proposés par la DRH ou décidés par les participants.

Les rôles de promotion (faire parler du produit) et de la distribution (mettre à disposition le produit) sont souvent très similaires, dans la mesure où les prestations RH utilisent régulièrement les mêmes canaux de distribution et de communication.

> Il convient de veiller à la fois à la forme du message délivré,
> son impact sur l'image du produit – et de la DRH,
> en général –, la qualité du message et son impact
> sur l'utilisation du produit ou de la prestation.

## Trouver le bon *timing*

Si le message, aussi bien structuré soit-il, n'arrive pas au bon moment, il est inutile. Différentes configurations apparaissent en associant le timing (adéquat ou non) à la qualité du message (cohérent, adapté, ciblé) (*cf.* figure 50) :

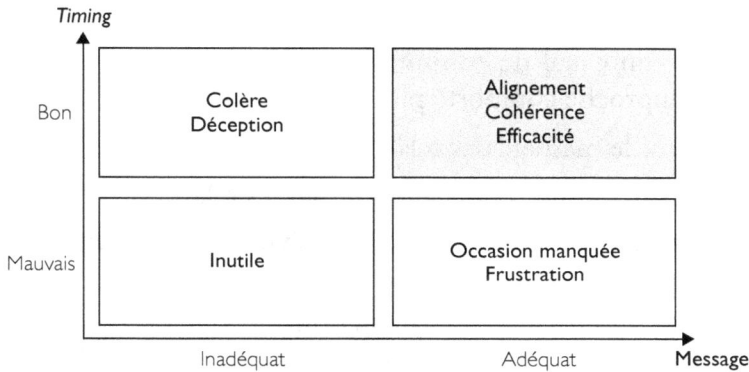

Figure 50 : savoir respecter le timing

- **Un message inadéquat arrivant au bon moment** provoquera frustration ou colère.

- **Si à la fois le *timing* et la communication sont inadéquats,** mieux vaut ne rien faire. L'action de promotion sera inefficace et inaudible.

- **Si le message est bon, mais arrive au mauvais moment,** il y aura également frustration. Il s'agira d'une occasion manquée.

- **Si le *timing* et le message, enfin, sont tous deux bien calibrés,** une communication reste efficace et pertinente.

Comme nous l'avons vu au chapitre précédent, le réseau de distribution de prestations RH peut se retrouver dans une situation de relative liberté face aux futurs utilisateurs : un manager ou un mentor pourra librement communiquer son avis et ses états d'âme sur telle ou telle prestation RH. Un des rôles de la fonction RH est d'assurer la mise en place de services et de prestations qui doivent contribuer à l'unité d'une organisation, à sa cohérence et à sa culture d'entreprise. Elle doit donc veiller à garder une certaine homogénéité dans les messages délivrés.

Une distribution directe met la DRH en situation de distributeur et de promoteur. Dans ce modèle, un distributeur (manager, mentor, prestataire externe…) assure la diffusion et la promotion ; la DRH met en place un canal de communication directe vers l'utilisateur final. Cette approche comporte plusieurs avantages :

- elle renforce le message des relais ;
- elle complète l'information obtenue par les relais ;
- elle pousse les relais à communiquer et évite qu'ils gardent l'information ;
- elle permet aux destinataires finaux du message/de la prestation de vérifier l'information qui leur est transmise par les relais ;
- elle pousse les destinataires finaux vers les relais.

Il faut également veiller à respecter le *timing* de la DRH (dans le cas d'un modèle de distribution directe – *cf.* chapitre 5) :

- soit la communication venant de la DRH précède l'intervention du « distributeur », et donc prépare le terrain. Elle doit alors amener les destinataires vers le distributeur ;
- soit les deux actions sont conjointes et, dans ce cas, les messages doivent être complémentaires ;
- soit la communication venant de la DRH arrive en fin de processus, et elle a alors pour objectif de résumer les points essentiels et d'assurer un « service après-vente » permettant de renforcer les messages issus du distributeur et, éventuellement, de corriger certains écarts.

Pour que cette approche soit efficace et ne crée pas de confusion il faut cependant veiller à plusieurs points :

- les messages relayés par la distribution et issus de la DRH doivent être cohérents et complémentaires. Ils doivent donc être développés en même temps ;

- le relais doit être informé de la communication parallèle qui sera faite pour ne pas avoir l'impression d'être court-circuité, et donc perdre sa motivation ;
- le message issu de la DRH ne doit pas remplacer le relais, mais bien l'appuyer. Il ne faut pas, par exemple, fournir toutes les informations sur une prestation, mais indiquer que le premier point de contact reste le relais. En d'autres termes, le message doit être responsabilisant et non infantilisant.

La communication RH peut aider à changer la qualité des relations entre l'employeur et le salarié en façonnant le contrat psychologique que nous évoquions dans les premières pages de cet ouvrage. Il s'agit d'accroître le niveau de personnification et de personnalisation des messages sur la réputation et sur la marque.

## Créer et manager une marque employeur

Comme la marque destinée au consommateur qui, dans le temps, va créer une relation et de fortes émotions, la marque employeur va créer une relation émotionnelle entre l'employeur et le salarié. Des entreprises comme Southwest Airlines, Nike ou encore Accor montrent que la marque peut constituer un facteur de mobilisation interne très puissant[1]. La notion de marque employeur a véritablement pris son essor dans les années 1990. Elle se positionne même comme une approche d'influence pour la GRH dans les pays anglo-saxons depuis la fin des années 1990[2].

---

1. Le lecteur pourra également se référer au cas Yahoo! publié par Libby Sartain dans la revue *Human Resource Management*.
2. L'article de Jon Younger, Norm Smallwood et Dave Ulrich (2007) donne une multitude d'exemples d'entreprises qui ont réussi à bâtir une véritable marque employeur.

## Qu'est-ce qu'une marque employeur ?

> La marque employeur sert à construire une image
> en tant qu'employeur. Cette image s'imprègne sur
> l'ensemble des prestations proposées par la DRH ;
> elle influence son design, son prix et sa promotion.
> Au-delà d'un simple impact sur la prestation RH,
> elle est également une source d'adhésion, ou de rejet.

La force d'une marque est de créer des relations fortes, mais également de créer de la fidélité par sa capacité à attirer, retenir et éliminer *a priori*. Nous pouvons en effet tous citer des marques que nous aimons et d'autres que nous apprécions moins. Ceci est particulièrement vrai pour une entreprise ou une organisation. Il ne faut donc pas chercher à plaire à tout le monde, mais à plaire à ceux que nous souhaitons cibler, attirer et retenir.

> La marque employeur se définit[1] comme un processus
> par lequel les salariés internalisent l'image
> de marque désirée et sont motivés pour projeter cette
> image aux clients et autres parties organisationnelles.

Il est évident que le premier argument pour développer une marque employeur est l'acquisition de talents dans un marché mondial très compétitif[2]. **Mais l'objectif de la marque employeur n'est pas seulement de vendre sa prestation (et/ou son entreprise) pour donner envie à des candidats de postuler. C'est aussi un moyen de retenir, de fidéliser, de faciliter les échanges, de créer de la cohérence, et donc de la performance. C'est enfin une manière pour la DRH de se vendre et ainsi faire adhérer à la prestation RH qu'elle propose.**

---

1. D'après Sandy Miles et Glynn Mangold (2004) "A conceptualization of the employee branding process", in Hartline M., Bejou D. (ed.), *Relationship Management : Linking Human Resources to Marketing Performance*, Best Business Books, New York, p. 68.
2. L'ouvrage de Simon Barrow et Richard Mosley (*The Employer Brand : Bringing the Best of Brand Management to People at Work*) insiste sur le bénéfice de créer une véritable marque employeur notamment pour accueillir et retenir les talents.

La marque employeur répond parfaitement à quatre attentes essentielles :

- la force de la marque, qui s'impose comme un concept incontournable dans de nombreux champs et s'associe directement à des notions en plein développement comme la réputation, voire la responsabilité sociale ;
- la recherche de crédibilité pour la fonction RH : celle-ci, comme nous l'avons maintes fois suggéré, est à la recherche d'influence et de pouvoir. Or cela passe inévitablement par plus de crédibilité ;
- une meilleure prise en compte des conditions du marché du travail, avec un rapport de force qui s'est inversé entre employeur et salariés ;
- l'engagement des salariés.

Créer et maintenir une marque employeur implique d'aller plus loin que juste vendre un produit ou un service : il s'agit de créer une promesse en lien avec ce produit ou ce service. Il s'agit de vendre la *value proposition* aux salariés.

> **La marque employeur change la manière
> dont les entreprises créent, délivrent et
> communiquent leurs produits RH et leurs services RH.**

## Le rôle clé de la marque employeur

Selon le rapport de l'agence de conseil Bernard Hodes, seul un quart des cinq cents professionnels RH interrogés dans quatorze pays disent mesurer leur marque employeur par les facteurs de recrutement et de rétention, incluant le coût par recrutement, le temps pris à remplir une annonce et le taux de rotation des salariés. Pourtant, la marque employeur possède un rôle clé dans l'entreprise, et ce à plusieurs niveaux :

- **En termes de recrutement, l'image employeur est un investissement pour devenir le meilleur endroit où travailler.** Cette promesse, c'est, entre autres, l'expérience professionnelle hors du commun que s'apprête à vivre le salarié. Une marque employeur réussie relate une expérience au travail réussie autour d'une thématique soigneusement choisie. Il s'agit donc pour l'entreprise de potentiellement attirer, recruter et retenir les individus qui possèdent les compétences requises ou potentielles à développer ; cet avantage de recrutement et de rétention des talents n'est pas surprenant à en croire l'étude menée par Towers Perrin, selon lequel le développement de la carrière est le premier facteur pour attirer et retenir les salariés.

- **La marque employeur est aussi le prolongement de la marque « commerciale »**, car les deux ont un même objectif : produire de la loyauté et susciter le sentiment que l'entreprise est de haute qualité. La marque employeur doit donc refléter la culture interne de l'entreprise.

- **La marque employeur devient également un outil d'alignement stratégique** : elle permet de faire converger les stratégies de recrutement avec la culture d'entreprise et la stratégie générale de l'entreprise.

- **La marque employeur,** largement fondée sur la communication, est finalement une technique permettant de créer un *buzz*. C'est, par exemple, tout faire pour figurer parmi les meilleures entreprises dans lesquelles il fait bon travailler, et ainsi se retrouver dans les classements de *Fortune*, *L'Expansion* ou autres divers classements européens.

---

### Les avantages d'une marque employeur

- Un recrutement beaucoup plus ciblé.
- Une force d'attraction et de rétention.
- Une diminution des coûts : obtenir les talents recherchés à moindre coût en se focalisant sur les salariés avec peu ou pas d'expérience ; la DRH évite le coûteux recrutement des salariés expérimentés.

---

- Une anticipation à moyen-long terme qui oblige à s'interroger et évaluer son capital humain, afin de construire les compétences clés pour aujourd'hui et demain.
- Un buzz qui va permettre de faire jouer le bouche à oreille.
- Une cohérence globale qui fait partie intégrante du dernier élément du marketing mix RH ; la DRH communique sur ce qu'elle vend, elle sait se vendre et le fait savoir.

Il existe plusieurs raisons pour lesquelles ces images de marque sont si efficaces et puissantes. La marque possède plusieurs caractéristiques qui lui donnent une efficacité particulière pour mobiliser les équipes. Elle parle à l'affectif, donne un sens à l'action, renforce le sentiment d'appartenance et met le client au cœur des préoccupations des salariés. Elles sont également efficaces et puissantes en délivrant une véritable promesse de valeur ajoutée. Toutes ces marques partagent quelque chose d'unique, et la marque employeur développée par Southwest Airlines en est une très bonne illustration.

### Le rôle clé de la marque employeur chez Southwest Airlines[1]

Le cœur du succès de Southwest Airlines réside dans sa culture et ses valeurs, fondées sur un « service positivement exceptionnel » à travers l'amabilité, la bienveillance, la fierté individuelle, la chaleur et l'esprit de la compagnie. Le socle de ce *mission statement* revient prioritairement aux salariés, étant les premiers acteurs de ces niveaux exceptionnels de service client.

La transmission continue de ces valeurs constitue la clé du succès de toute communication interne et externe. Cela permet non seulement de créer l'image de marque voulue auprès des passagers, mais également de rappeler quotidiennement aux salariés leur toute première importance.

---

1. D'après Sandy Miles et W. Glynn Mangold (2005) "Positioning Southwest Airlines through employee branding", *Business Horizons*, vol. 48, p. 535-545.

La communication est le cœur de la stratégie de Southwest Airlines. Leur département « Hommes » (et non « département RH ») utilise les processus de recrutement et de sélection pour embaucher des « joueurs d'équipes » dont les valeurs et les attitudes reflètent la marque. Les processus de développement RH sont mobilisés pour clarifier et renforcer ces valeurs et cet esprit « Southwest » *via* de nombreux médias comme des vidéos.

Southwest Airlines utilise de manière intensive les médias et autres *public relations* pour communiquer aux salariés l'importance de leur mission. Pour les salariés (et clients) potentiels, l'entreprise publie sa campagne « Southwest est un symbole de liberté », comprenant huit libertés individuelles, comme apprendre, grandir, être soi-même, etc.

À côté de cette communication formelle, Southwest reconnaît l'importance de la communication informelle entre les salariés, les managers, les collègues et les clients. La façon dont les salariés agissent et parlent de l'entreprise crée aussi la culture, façonnée de manière plus formelle par un comité spécifique.

L'image de marque employeur – c'est-à-dire l'image que les salariés projettent aux autres salariés (actuels et potentiels) – est déterminée en communiquant *via* les supports précédemment cités. Toutes ces communications, formelles et informelles, sont alignées avec la marque désirée, pour rapprocher les salariés de l'image voulue, c'est-à-dire mettant les individus au tout premier plan.

## Mettre en place une marque employeur

Mettre en œuvre une véritable marque employeur n'est pas si simple. Encore faut-il s'y mettre sérieusement et vouloir également la mesurer. Nous ne donnerons pas ici de recettes toutes faites visant à mettre en œuvre une marque employeur. D'autres ouvrages se sont déjà employés à cette tâche[1]. En revanche, il faut garder à l'esprit qu'une marque employeur est efficace si elle est connue, identifiable et qu'elle véhicule des *a priori*. Ces derniers peuvent être positifs ou

---

1. Voir notamment le récent ouvrage de Graeme Martin et Susan Hetrick (2006), *op. cit.*

négatifs, mais ils contribuent à une certaine forme de sélection. Faire en sorte que cette image soit particulièrement forte et marquée se travaille, tout en respectant quelques pistes de réflexions que nous livrons ici.

L'ère d'une seule et unique marque employeur semble révolue. Puisque la segmentation RH est le fondement d'un véritable marketing RH, la marque employeur ne déroge pas à la règle et doit, elle aussi, passer l'épreuve de la segmentation[1]. Il est en effet nécessaire d'avoir différentes *value propositions* pour les différents types de salariés, en privilégiant par exemple des messages customisés et bien différenciés pour chaque segment de carrière[2]. Ce qui ne veut pas dire pour autant l'existence d'un regroupement du portefeuille de marques sous une marque « ombrelle », évitant ainsi une dispersion des marques.

La mise en place d'une marque employeur requiert deux éléments de réflexion : une démarche *top-down*, relative à la vision et à la stratégie de l'entreprise, et une démarche *bottom-up*, partant de la création de valeur apportée par les salariés. Il est important que la marque employeur soit :

- consistante par rapport aux autres marques de l'entreprise ;
- consistante par rapport à l'image de l'entreprise ;
- consistante par rapport à la culture et la stratégie de l'entreprise ;
- consistante dans le temps : l'image actuelle, c'est celle que l'on souhaite projeter dans le futur !

Ces différents composants auxquels la marque doit être en lien étroit sont représentés dans la figure 50, combinaisons de *continuums* interne et externe à l'entreprise :

---

1. Le rapport du CIPD coécrit par David Clutterbuck et Des Dearlove souligne que segmenter des clients de base permet de créer une véritable marque RH et de communiquer constamment des messages clés à des cibles précises.
2. Voir Sandy Miles et W. Glynn Mangold. (2004) *op. cit.*

Vision/Stratégie
(futur)

Continuum interne à l'entreprise

Image
(présent)

*Continuum* externe à l'entreprise

*Continuum*

Position
concurrentielle
(futur)

Culture d'entreprise
(présent)

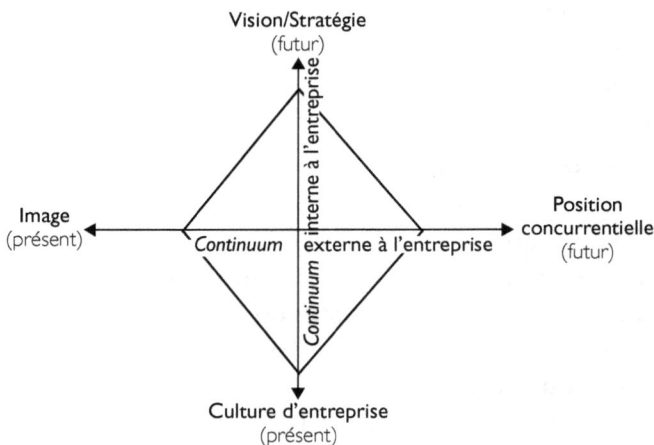

Figure 51 : un diamant pour l'image employeur[1]

La notion de « marque de développeur de talents » (*branded talent developer*) est également en pleine expansion[2]. Cette notion renvoie aux entreprises qui soulignent les opportunités de carrière et de développement, un moyen pour elles de gagner en avantage compétitif dans la guerre des talents. Le bénéfice d'un tel positionnement pour l'entreprise est évident : l'attraction et la rétention des individus qui souhaitent se développer. Ce qui différencie ces entreprises qui mettent au premier plan le développement des talents des autres entreprises est ce respect de la carrière à plus long terme.

Se pose également très vite le problème du contrôle de la marque employeur, et ce, à deux niveaux : d'une part, si l'entreprise ne respecte pas les promesses annoncées, le phénomène de *buzz* (ou bouche-à-oreille) se propage très rapidement sur le Web ; d'autre part, avec l'ère du Web 2.0, il devient très difficile pour l'employeur de contrôler ce que les salariés pensent de l'entreprise ou encore communiquent sur celle-ci. Et les nouveaux réseaux sociaux disponibles sur la toile – comme les plateformes LinkedIn, Facebook ou encore

---

1. Adapté de David Bickerton (2000) "Corporate Reputation versus Corporate Branding", *Corporate Communications : an International Journal*, vol. 5, n° 1, p. 47.
2. Voir Jon Younger, Norm Smallwood et Dave Ulrich (2007) *op. cit.*

MySpace – favorisent ce phénomène de *buzz* autour de la marque employeur, et plus généralement de la réputation de l'entreprise.

## Une tendance : la marque employeur « verte »

Les jeunes diplômés tendent à écarter les entreprises dont ils pensent qu'elles ont un effet négatif sur la planète. Ils s'informent également sur les intentions et les actions des entreprises dans ce domaine. Certaines entreprises l'ont compris et n'hésitent pas à intégrer cette *green attitude* au cœur même de leur marque employeur.

Le nouveau défi pour la DRH est sans doute de faire adapter l'entreprise (du moins ses valeurs) aux salariés[1] et aux valeurs qu'ils véhiculent. L'émergence d'une marque employeur verte illustre cette tendance. Elle ne s'adresse pas à l'ensemble des salariés, mais à ceux qui ont des attentes bien définies.

Nous avions pris l'exemple de Tesco dans le deuxième chapitre sur la segmentation RH. Cette segmentation par socio-styles permettait d'ouvrir de nouveaux horizons pour la segmentation RH. Les salariés identifiés comme les « travailler pour vivre » sont les premières cibles de cette marque employeur verte : communiquer des messages pour leur assurer bien-être, loisirs, horaires flexibles et autres prestations RH correspondant à leurs attentes.

Les entreprises mettent finalement tout en œuvre pour devenir des « employeurs de premier choix », et faire en sorte que l'on parle d'elles de manière très favorable. Devenir un employeur de premier choix correspond effectivement à une stratégie délibérée, où les entreprises favorisent un *benchmark* de leurs concurrents – directs ou indirects – pour figurer dans le haut des classements des « entreprises où il fait bon travailler » que l'on retrouve régulièrement dans des revues spécialisées. C'est non seulement une véritable marque de reconnaissance officielle (et parfois mondiale) pour les entreprises, mais surtout un outil pour attirer, retenir et favoriser l'engagement

---

1. Daniel Pitelet souligne dans son ouvrage sur le marketing social la nécessité de cette adaptabilité de l'entreprise.

des meilleurs talents[1]. Être un employeur de choix devient un symbole de réussite et un « label » de plus en plus convoité par l'entreprise.

Si ces classements ne font pas toujours l'unanimité – certains mettant sérieusement en doute les principes méthodologiques –, ils témoignent de la prise de conscience à mieux cibler les attentes des salariés. S'ils ne sont pas scientifiquement et méthodologiquement parfaits, ils sont avant tout un outil marketing. Cependant, devenir un employeur de choix ne constitue pas, non plus, qu'une simple opération de séduction[2].

Dans son ouvrage dédié aux employeurs de premier choix, Nancy Ahlrichs nous livre plusieurs ancrages de cette vision dans les organisations ; pour certaines entreprises, suivre une stratégie « d'employeurs de premier choix » revient simplement à repenser leurs pratiques de recrutement (devenant alors plus ou moins sophistiquées) ; pour d'autres, cela signifie de redéfinir le contrat psychologique (présenté dans le chapitre 1) pour un engagement à plus long terme des employeurs en échange d'un engagement sans faille des salariés. Être ou devenir un employeur de choix est fondé sur la réputation RH de l'entreprise, facteur d'avantage compétitif[3], mais également d'une promotion qui doit se traduire un acte. Le marketing RH est le nouvel état d'esprit à privilégier pour l'entreprise puisque la promotion – sorte de promesse adressée à ses clients payeurs et utilisateurs – reste fondée sur une prestation RH.

---

1. Voir Franklin C. Ashby, Arthur R. Pell (2001) *Embracing Excellence : Become an Employer of Choice to Attract The Best Talent*, Prentice Hall.
2. La séduction est bien souvent perçue comme néfaste pour l'entreprise. Il faut prendre ici le terme « séduction » comme une volonté de plaire, et non pas comme une séduction organisationnelle comme le définissait Roy Lewicki au début des années quatre-vingt : la séduction organisationnelle se résume à la flatterie et autres promesses convergeant vers une manipulation des salariés.
3. La réputation de l'entreprise en tant que « bon employeur » est un critère essentiel pour l'attraction, la rétention et l'engagement des meilleurs talents selon un rapport récent de Towers Perrin (*Attracting, Retaining and Engaging Employees for Competitive Advantage*).

## McDonald's chouchoute sa marque employeur

Tout est parti du roman *Generation X : Tales for an Accelerated Culture* de Douglas Coupland, publié en 1991. Ce livre aborde les difficultés de la vie de cette génération née fin des années 1960, début des années 1970. Parmi leurs angoisses, se trouve le « McJob », comprenez un emploi peu qualifié, mal payé, sans prestige et sans perspective d'avenir. L'auteur faisait ici, sans détour, référence à la chaîne de restauration rapide McDonald's, mais ceci s'applique, dans son roman, à tous les emplois peu qualifiés qui requièrent peu ou pas de formation.

Lorsque le terme est apparu, douze ans plus tard, dans le dictionnaire Oxford de la langue anglaise, McDonald's a décidé de réagir pour faire retirer ce terme, désuet et inapproprié selon l'entreprise. Mais cette mauvaise publicité a sans doute été bénéfique à la marque employeur de l'entreprise.

En réagissant à coups de slogans du type « McProspects – près de la moitié de nos managers ouvre leur propre restaurant – pas mal pour du McJob » ou encore « McTraining – notre formation reflète les dernières tendances en management – pas mal pour du McJob », le turnover de cette chaîne de restauration rapide n'a jamais été aussi bas. McDonald's a d'ailleurs récemment été élevé au rang des meilleures places où travailler par le *Financial Times* et reconnu comme une des meilleures entreprises où travailler dans la restauration par un magazine hôtelier.

Comme l'indique la revue Entreprise et Carrières[1], McDonald's va encore plus loin en ayant obtenu l'autorisation par le gouvernement britannique de délivrer un baccalauréat en « gestion du travail en équipe » qui certifiera la capacité d'assurer la gestion d'un fastfood McDonald's.

Pour les entreprises ayant clairement opté pour une *green attitude* ou une image employeur verte, construire (et garder) la loyauté des salariés devient tout aussi important que de construire et garder celle des consommateurs. Là encore, le DRH n'agit pas seul, et l'image employeur implique que la DRH soit très proche d'autres fonctions comme le marketing, la communication, les *public relations* ou encore l'équipe de direction.

---

1. N° 893, février 2008.

## Savoir séduire, faire acheter et le faire savoir

| | | |
|---|---|---|
| **La maîtrise de l'image : un nouveau champ d'activité des RH** | Promouvoir pour vendre et faire acheter | • Les actions se répartissent en quatre catégories selon la valorisation de l'image, du produit et d'une clientèle interne ou externe |
| | Promouvoir selon le positionnement de la prestation RH | • Les actions de promotion et de communication varient en fonction de la nature de la prestation RH visée (sur mesure, haut de gamme, service public ou de grande consommation) |
| | Parler du produit n'a rien à voir avec s'assurer de sa promotion | • Le croisement entre l'image d'usage (technicité ou *push*) et l'image de marque (client ou *pull*) permet d'identifier quatre situations : lumière (séduction), cohérence (équilibre *push* et *pull*), silence (ne « parle pas ») et *low profile* (*push* élevé) |
| | Combattre « l'effet Pravda » | • La DRH est atteinte de ce mal étrange qui consiste à ne voir que les choses positives, mais les salariés ne sont plus naïfs |
| **Les composantes de la promotion RH** | Construire ses messages | • La construction du message intègre quatre composantes : les caractéristiques, les avantages, les objections et les émotions |
| | Cibler ses messages | • Il s'agit de délivrer un message clair qui « parle » à la cible |
| | Choisir le bon média | • Le média est le canal responsable de l'action de promotion |
| | Trouver le bon *timing* | • Le *timing* est associé à la qualité du message (cohérent, ciblé…) |
| **Créer et manager une marque employeur** | Qu'est-ce qu'une marque employeur ? | • La marque employeur est une image qui impacte la prestation RH, tout en étant une source d'adhésion… ou de rejet |
| | Le rôle clé de la marque employeur | • La marque employeur possède un rôle clé dans l'entreprise, au-delà du recrutement, pour favoriser l'alignement stratégique |
| | Mettre en place une marque employeur | • Cela requiert à la fois une démarche *top-down*, relative à la vision et à la stratégie de l'entreprise, et une démarche *bottom-up*, partant de la création de valeur des salariés |
| | Une tendance : la marque employeur « verte » | • Certaines entreprises intègrent une *green attitude* au cœur même de leur marque employeur : il s'agit d'être un « employeur de choix » où les valeurs ont toutes leur importance |

• • •

• • •

## Les fondements

Le quatrième « P » est donc le plus pratiqué par la fonction RH, ceci parce qu'il est le plus visible, et donc celui qui parle le plus à des opérationnels à la recherche d'efficacité à court terme. Son efficacité est cependant soumise en grande partie à une réflexion de fond, qui n'intègre pas uniquement des notions de promotion ou de marque, mais soit capable de lier la promotion aux trois autres « P » : le Produit, le Prix et la Place. La promotion n'est donc pas un exercice solitaire, mais la conséquence d'une stratégie, d'analyses et de décisions marketing. Le marketing RH ne doit pas se limiter uniquement à cette dimension.

## La nécessité

La fonction RH est par nature exposée. Elle dispose donc de deux options : piloter son image ou la subir... Il existe ainsi un ensemble de règles et d'outils d'analyse qui visent à développer des actions de promotion et de communication intégrées à une stratégie de marketing RH, avec pour objectif de « vendre » des prestations à des clients ciblés. Mais, au-delà de cela, l'ensemble de ces actions va contribuer à créer une marque employeur ; la stratégie de marque employeur est importante pour l'entreprise, lui étant potentiellement bénéfique à plusieurs niveaux : recrutement, rétention, *buzz*, ou encore alignement stratégique.

## La mise en œuvre

La promotion est directement liée à la démarche commerciale : il s'agit pour la DRH de se faire (re)connaître, mais également de faire connaître et reconnaître sa prestation. Une bonne communication suppose un message clair, associé à un style qui « parle » à la population ciblée. Il faudra alors choisir entre une démarche davantage orientée en interne ou en externe, centrée sur le produit ou sur le client. La nature de la promotion varie également en fonction du positionnement de la prestation RH. Le choix du média est aussi important, car il conditionne la réussite de l'action de promotion. Enfin, le rôle de la marque employeur permet de créer une relation émotionnelle entre l'employeur et le salarié, et constitue le ciment de toute promotion RH.

# Conclusion

Les ressources humaines trouvent dans le marketing un ensemble d'outils et de concepts permettant à la DRH de changer d'état d'esprit. Face à un nouvel environnement, la DRH doit vendre des prestations à des clients, mais également se vendre pour construire, garder et renforcer son importance et sa crédibilité. Cet ouvrage a donc décliné les tenants et les aboutissants de cette démarche à finalité commerciale.

Le marketing RH ne doit pas seulement être considéré sous l'angle de la partie visible de l'iceberg – c'est-à-dire la communication –, mais doit intégrer tout une réflexion sur le marketing mix RH. Cela nous a permis de construire une réflexion sur les quatre piliers du marketing RH : engager une réflexion sur la prestation RH, son prix et sa distribution constitue une démarche particulièrement novatrice pour la DRH, plus habituée à travailler sur son image pour apparaître comme un employeur de premier choix.

Cet ouvrage s'est attaché à montrer dans quelle mesure les outils et techniques marketing peuvent amener les professionnels RH – et les salariés – à un impact particulièrement bénéfique sur l'entreprise. L'esprit de cette démarche commerciale ne doit pas non plus faire vendre à tout prix. La DRH doit avant tout veiller à construire des relations solides avec ses clients. Celles-ci passent notamment par une relation de confiance, une promesse à long terme et une volonté d'adaptation.

La confiance est devenue le mot clé dans la gouvernance des entreprises. Pour y jouer un vrai rôle[1], la DRH doit effectivement vendre ce qu'elle dit vendre et ce qu'elle a à vendre. Elle doit veiller au respect des promesses, mais aussi faire attention à ne pas « surpromettre » *via* des discours faussement positifs, potentiellement apparentés à de la publicité mensongère.

Pour construire des relations solides avec ses clients, la fonction RH doit penser à long terme, ce qui, *de facto*, la rapproche d'un alignement stratégique avec la direction générale. C'est aussi dans cette logique que se positionne la *green attitude* dans le *branding* (la marque employeur verte). En effet, devenir un employeur de choix nécessite une réflexion à plus long terme, ce qui permettra avec la DRH de construire – et de maintenir – une véritable réputation RH. Cette réputation RH est devenue la responsabilité de tous.

La customisation mise en place par la segmentation RH permet de montrer aux clients que les *one best ways* et/ou *one size fits all* ne font plus partie du paysage RH. Cela nécessite l'implication des salariés, et c'est à partir de leur *feedback* qu'une véritable segmentation peut être mise en place. Cette personnification de la politique RH requiert énergie et flexibilité, mais ne peut avoir que des effets bénéfiques sur l'organisation – et sur le moral des troupes.

Rien n'est finalement plus important que les efforts des professionnels RH visant à construire des relations durables avec leurs clients. Et c'est probablement avec ses salariés que le défi est plus grand, tant ces derniers ne sont pas forcément des clients comme les autres.

---

1. Voir le dossier « Le gouvernement d'entreprise : un territoire à conquérir pour les RH » publié par la revue *HR Today* écrit par Carolyn Cameron, Olivier Dunant, Serge Panczuk et Bernard Radon ; voir également l'Encyclopédie sur la dirigeance de Franck Bournois, Jérôme Duval Hamiel, Sylvie Roussillon et Jean-Louis Scaringella.

Le fait d'assimiler les salariés à des clients permet de souligner toute l'attention que ceux-ci doivent recevoir de la part de leur hiérarchie, notamment pour se sentir valorisés. Mais cela permet surtout de convaincre la DRH de répondre au mieux aux attentes de leurs salariés, comme nous l'avons précisé à chaque étape de la démarche de marketing RH.

Cependant, cette customisation de l'offre RH ne permettra pas toujours de satisfaire le salarié. Or la satisfaction du client reste un levier principal de performance pour l'entreprise. Encore faudra-t-il prendre soin de ces salariés.

# Références bibliographiques

## Ouvrages et chapitres d'ouvrages

Added E., Dartiguepeyrou C., Raffard W., Saloff Coste M. (2007), *Le DRH du 3ᵉ millénaire*, Pearson Education, Paris.

Ahlrichs N. (2000) *Competing for Talent : Key Recruitment and Retention Strategies for Becoming an Employer of Choice*, Davis-Black Publishing, Palo-Alto.

Alvesson M., Berg P.-O. (1992). *Corporate Culture and Organizational Symbolism : An Overview*, Walter de Gruyter.

Arthur M. B, Rousseau D. (1996) *The Boundaryless Career, A New Employment Principle for a New Organizational Era*, Oxford University Press, New York.

Ashby F., Pell A. (2001) *Embracing Excellence : Become an Employer of Choice to Attract The Best Talent*, Prentice Hall.

Barrow S., Mosley R. (2005) *The Employer Brand : Bringing the Best of Brand Management to People at Work*, Wiley, Londres.

Becker B., Huselid M., Ulrich D. (2001) *The HR Scorecard : Linking People, Strategy and Performance*, Harvard Business School Press.

Bender A.-F., Cadin L., de Saint Giniez V. (2003) *Carrières nomades. Les enseignements d'une comparaison internationale*, Vuibert, Paris.

Berry L. (1984) "The employee as customer", in Lovelock C. (ed.), *Services Marketing*, Prentice-Hall, 271-278.

Blyton P., Turnbull P. (ed.) (1992) *Reassessing Human Resource Management*, Sage Publications, Londres.

Bournois F., Duval-Hamel J., Roussillon S., Scaringella J.-L. (2007) *Comités exécutifs : voyage au cœur de la dirigeance*, Éditions d'Organisation, Paris.

Bournois F., Point S., Rojot J.,Scaringella J.-L. (2007) *RH : Les meilleures pratiques des entreprises du CAC40-SBF120*, Éditions d'Organisation, Paris.

Brabet J. (coord.) (1993) *Repenser la gestion des ressources humaines*, Economica, Paris.

Bridges W. (2003) *Managing Transitions : Making the Most of Change*, Perseus Books, Cambridge.

Brignano S. (2006) *Communication RH : quelles réalités ?* Éditions Liaisons, Paris.

Cappelli P. (1999) *The New Deal at Work : Managing the Market-Driven Workforce*, Havard Business School Press, Boston.

Dolan R., Simon H. (1996) *Power Pricing : How Managing Price Transforms the Bottom Line*, Free Press.

Edwards M. (2005) "Employer branding : HR or PR ?" in Bach S. (ed) *Managing Human Resources : Personnel Management in Transition*, Blackwell, Oxford, 4e édition.

ESCP, Bain & Company (2007) *L'art de la croissance*, Village Mondial, Paris.

Fitz-enz J. (2000) *The ROI of Human Capital : Measuring the Economic Value of Employee Performance*, Amacom, New York.

Fombonne J. (2001) *Personnel et DRH : l'affirmation de la fonction personnel dans les entreprises (1830-1990)*, Vuibert, Paris.

Grönroos C. (1981) "Internal Marketing – An Integral Part of Marketing Theory", in Donnelly J., George W. (eds.) *Marketing of Services*, American Marketing Association, Chicago.

Hunter I., Saunders J., Boroughs A., Constance S. (2006) *HR Business Partners : Emerging Service Delivering Models for the HR Function*, Gower Publishing, Burlington.

Huselid M., Becker B., Beatty R. (2005) *The Workforce Scorecard : Managing Human Capital to Execute Strategy*, Harvard Business School Press, Boston.

Igalens J. (1992) « Le marketing social, une approche nouvelle de la gestion des ressources humaines », in Helfer J.-P., Orsoni J. (coord.) *L'Encyclopédie du management*, Vuibert, Tome 2, p. 68-77.

Igalens J. (1997) « Segmentation sociale et gestion des ressources humaines », in *Encyclopédie de gestion*, tome 3, Economica, Paris.

Igalens J., Point S. (à paraître) *La nouvelle gouvernance des parties prenantes*, Dunod, Paris.

Igalens J., Joras M. (2002) *La responsabilité sociale de l'entreprise : comprendre, rédiger le rapport annuel*, Éditions d'Organisation, Paris.

Johnson M. (2000) *Winning the People Wars*, Prentice Hall, Londres.

Kaye B., Jordan-Evans S. (2002) *Love 'Em or Lose 'Em : Getting Good People to Stay*, Berrett-Koehler, San Francisco.

Kotler P. (1991) *Marketing Management : Analysis, Planning and Control*, Prentice-Hall, Englewood Cliffs, 7e édition.

Lawler III E. (2003) *Treat People Right !*, Jossey-Bass, San Francisco.

Legge K. (1989) "Human Resource Management : a critical analysis" in Storey J. (ed.) *New Perspectives in Human Resource Management*, Routledge, Londres.

Levionnois M. (1987) *Marketing interne et management des hommes*, Éditions d'Organisation, Paris.

Liger P. (2004) *Le marketing des ressources humaines. Attirer, intégrer et fidéliser les salariés*, Dunod, Paris.

McDonald M., Dunbar I. (2004) *Market Segmentation : How to Do It, How to Profit from It ?* Butterworth-Heinemann, Oxford.

Mahé de Boislandelle H. (1999) *Gestion des ressources humaines dans les PME*, Economica, Paris, 2ᵉ édition.

Martin G, Hetrick S. (2006) *Corporate Reputations, Branding And People Management : A Strategic Approach to HR*, Butterworth-Heinemann, Oxford.

Martory B., Crozet D. (2002) *Gestion des ressources humaines : pilotage social et performances*, Dunod, Paris, 5ᵉ édition.

Mellor V. (2006) *Mastering Audience Segmentation : How to Apply Segmentation Techniques to Improve Internal Communication*, Melcrum Publishing.

Miles S., Mangold G. (2004) "A conceptualization of the employee branding process", in Hartline M., Bejou D. (ed.), *Relationship Management : Linking Human Resources to Marketing Performance*, Best Business Books, New York, 65-87.

Neely A., Adams C., Kennerley M. (2002) *The Performance Prism : The Scorecard for Measuring and Managing Business Success*, Pearson Education, Harlow.

Nieto M. (2001) *Marketing the HR Function*, Spiro Press.

Paillé P. (2004) *La fidélisation des ressources humaines*, Economica, Paris.

Panczuk S. (2006) *Ressources humaines pour la première fois : le savoir-faire des DRH expliqué*, Éditions d'Organisation, Paris.

Pitelet D. (2005) *La nouvelle parole de l'entreprise. Essai sur le marketing social*, Médialivre, Paris.

Plane J.-M. (2003) *La gestion des ressources humaines*, Economica, Paris.

Réale Y., Dufour B. (2005) *Le DRH stratège. Le nouveau mix stratégique des ressources humaines*, Éditions d'Organisation, Paris.

Rosenfeld P., Giacalone R., Riordan C. (2002) *Impression Management : Building and Enhancing Reputations at Work*, Thomson Publishing, Londres.

Rousseau D. (1995) *Psychological Contracts in Organizations*, Sage Publications, Thousands Oaks.

Segretain E. (1998) *Le marketing des ressources humaines*, Maxima, Paris.

Storey J. (1995) *Human Resource Management : A Critical Text*, Routledge, Londres.

Ulrich D. (1997) *Human Resource Champions : The Next Agenda For Adding Value And Delivering Results*, Harvard Business School Press, Boston.

Ulrich D., Brockbank W. (2005) *The HR Value Proposition*, Harvard Business School Press, Boston.

## Rapports et articles

Alvares K. (1997) "The Business of Human Resources", *Human Resource Management*, vol. 36, n° 1, 9-15.

Ansoff I. (1957) "Strategies for Diversification", *Harvard Business Review*, vol. 35, n° 2, 113-124.

Backhaus K., Tikoo S. (2004) "Conceptualizing and Researching Employer Branding", *Career Development International,* vol. 9, n° 5, p. 501-517.

Berg P.-O. (1986) "Symbolic Management of Human Resources", *Human Resource Management*, vol. 25, n° 4, 557-579.

Berthon P., Ewing M., Hah L. L. (2005) "Captivating Company : Dimensions of Attractiveness in Employer Branding", *International Journal of Advertising*, vol. 24, n° 2, 151-172.

Bickerton D. (2000) "Corporate Reputation versus Corporate Branding : The Realist Debate", *Corporate Communications : an International Journal*, vol. 5, n° 1, 42-48.

Biv B. (décembre 2004) « Motivation. Entre notion de service et marketing social », *Personnel*, n° 455.

Bowers M., Martin C. (2007) "Trading Places Redux : Employees as Customers, Customers as Employees", *Journal of Services Marketing*, vol. 21, n° 2, 88-98

Cameron C., Dunant O., Panczuk S. et Radon B. (2007) « Le gouvernement d'entreprise : un territoire à conquérir pour les RH », Dossier spécial, *HR Today*, n°8.

Cappelli P. (2000) "A Market Driven Approach to Retaining Talent", *Harvard Business Review*, Janvier-Février.

Cardy R., Miller J., Ellis A. (2007) "Employee Equity : Toward a Person-based Approach to HRM", *Human Resource Management*, vol. 17, n° 2, 140-151.

Chimhanzi J. (2004 a) "The Impact of Marketing/HR Interactions on Marketing Strategy Implementation", *European Journal of Marketing*, vol. 38, n° 1/2, 73-98.

Chimhanzi J. (2004 b) "The Impact of Integration Mechanisms on Marketing/HR Dynamics", *Journal of Marketing Management*, vol. 20, 713-740.

CIPD (2007) *Employer Branding : The Latest Fad or The Future for HR ?* Rapport, Londres.

Clutterbuck D., Dearlove D. (1993) *Raising the Profile : Marketing the HR Function*, rapport du Chartered Institute of Personnel & Development, Wimbledon.

Collins B., Payne A. (1991) "Internal Marketing : A New Perspective for HRM", *European Management Journal*, vol. 9, n° 3, 261-270.

Crozet D., Martory M. (1984) « Le personnel mix, outil de la stratégie sociale », *Harvard L'Expansion*, n° 34, 123-124.

Erickson T., Gratton L. (2007) "What it means to work here", *Harvard Business Review*, vol. 85, n° 3, 104-112.

Galambaud B. (1988) « Le marketing social ou les pièges de l'analogie métaphorique », *Revue Française du Marketing*, n° 120, 47-50.

Guest D. (1989) "Personnel and HRM : Can You Tell The Difference ?" *Personnel Management*, 48-51.

Igalens J. (2002) *Le marketing social : une approche nouvelle de la gestion des ressources humaines*, Cahier de recherche du LIRHE, n° 57, Université de Toulouse I.

Kotler P., Zaltman G. (1971). "Social Marketing : An Approach to Planned Social Change", *Journal of Marketing*, vol. 35, 3-12.

Krubasik E. G. (1988) "Customize Your Product Development", *Harvard Business Review*, 46-50.

Lewicki R. (1981) "Organizational Seduction : Commitment to The Organization", *Organizational Dynamics*, vol. 10, n° 2, 5-21.

Louart P. (1994) « La GRH à l'heure des segmentations et des particularismes », *Revue Française de Gestion*, n° 98, 79-94.

Mahé de Boislandelle H. (1994) « Le management politique des ressources humaines : dépendance et mix-social », *Économie et Sociétés, Sciences de Gestion,* n° 20, 141-160.

Martin G., Beaumont Ph., Doig R., Pate J. (2005) "Branding : A New Performance Discourse for HR ?" *European Management Journal*, vol. 23, n° 1, 76-88.

Miles S., Mangold G. (2005) "Positioning Southwest Airlines Through Employee Branding", *Business Horizons*, vol. 48, 535-545.

Peretti J.-M. (1986) « Le personnel mix des années 1990 », *Ressources Humaines*, n° 2.

Peretti J.-M., Cerdin J.-L. et Colle R. (2005) « La fidélisation des salariés par l'entreprise à la carte », *Revue de gestion des ressources humaines*, n° 55, 2-21.

Preziosi R. (2006) "Marketing HR Services Can Add Value to HR and The Business Organization", *Employment Relations Today*, vol. 33, n° 2, 43-56.

Sartin L. (2005) "Branding from The Inside Out at Yahoo ! : HR's Role as Brand Builder", *Human Resource Management*, vol. 44, n° 1, 89-93.

Seignour A. (1998) « Le marketing interne : un état de l'art », *Recherche et Applications en Marketing*, vol. 13, n° 3, 43-55.

Seignour A., Dubois P.-L. (1999) « Les enjeux du marketing interne », *Revue française de gestion*, 19-29.

Strenger C., Ruttenberg A. (2008) "The Existential Necessity of Midlife Change", *Harvard Business Review*, vol. 86, n° 2, 82-90.

Towers Perrin (2005) *Winning Strategies for a Global Workforce*, rapport.

Varey R. (1995 a) "Internal Marketing : A Review And Some Interdisciplinary Research Challenges", *International Journal of Services Industry Management*, vol. 6, n° 1, 40-63.

Varey R. (1995 b) "A Model of Internal Marketing for Building and Sustaining a Competitive Service Advantage", *Journal of Marketing Management*, vol. 11, 25-40.

Warren E., Ference T., Stener J. (1975) "The case of the plateauned performer", *Harvard Business Review*, vol. 53, n°1, pp. 30-38.

Watson Wyatt (2007) *Bridging the Employee Engagement Gap*, rapport.

Younger J., Smallwood N., Ulrich D. (2007) "Developing Your Organization's Brand as a Talent Developer", *Human Resource Planning*, vol. 30, n° 2, 21-29.

# Revues

*Entreprises & Carrières* (2006) « Marketing RH : le parler vrai des nouvelles campagnes de recrutement », n° 803, 14-21.

*Entreprises & Carrières* (2004) « Guerre des talents : l'arme du marketing RH », n° 703, 14-21.

*Entreprises & Carrières* (mars 2001) « Les DRH se mettent au marketing social », n° 583, 11-13.

*HR Focus* (2001) "How to Build an Employee Brand", vol. 78, n° 9, 3-4.

*HR Today* (juin 2005) « Comment rebondir dans les métaux précieux grâce aux RH ».

*La Tribune* (mardi 14 octobre 2003) « Le marketing social, dernier avatar des ressources humaines ».

*Le Monde* (mercredi 30 mars 2005) « Dans le vocabulaire des grands patrons, le client est roi, le salarié se fait rare ».

*Les Échos* (2005) « L'art du management : repenser les ressources humaines », cahier spécial, n° 8.

*People Management* (20 février 2003) "Strong Division", vol. 9, n° 4.

*People Management* (2007) "Why Employer Branding is Bigger than HR", vol. 13, n° 20, 12-13.

*People Management* (2007) "How to… Develop an Effective Employer Brand", vol. 13, n° 21, 44-45.

*Personnel Today* (29 mai 2007) "McDonald's Shows how HR Can Raise its Game", 12.

*Personnel Today* (17 mai 2005) "Employer Branding is key in Fight for talent".

*Workforce Management* (22 octobre 2007) "Burnishing Your Employment Brand", vol. 86, n° 18, 39-45.

# Index des noms propres

## T

Tesco 62, 65, 213
Thalès 157
Thomson 159
Tissier-Desbordes 65

## U

Ulrich 22, 24, 25, 116, 205, 212

## V

Varey 34
Vodafone 62

## Y

Younger 205, 212

## Z

Zaltman 27

# Index courant

## V

valeur ajoutée 90
valeur d'usage 188
vendeur 121

## Z

zapping professionnel 11

www.ingramcontent.com/pod-product-compliance
Lightning Source LLC
Chambersburg PA
CBHW070359270326
41926CB00014B/2626